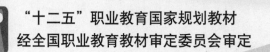

"十二五"职业教育国家规划教材

经全国职业教育教材审定委员会审定

财务管理实训

（第五版）

新世纪高职高专教材编审委员会 组编

主　编　裴更生　陈谋达　赵晓丽

副主编　陈　湘　曲　燕

大连理工大学出版社

图书在版编目(CIP)数据

财务管理实训 / 裴更生，陈谋达，赵晓丽主编. --
5 版. -- 大连 ：大连理工大学出版社，2019.1
新世纪高职高专会计专业系列规划教材
ISBN 978-7-5685-1792-8

Ⅰ. ①财… Ⅱ. ①裴… ②陈… ③赵… Ⅲ. ①财务管
理—高等职业教育—教材 Ⅳ. ①F275

中国版本图书馆 CIP 数据核字(2018)第 288154 号

大连理工大学出版社出版
地址：大连市软件园路 80 号　邮政编码：116023
发行：0411-84708842　邮购：0411-84708943　传真：0411-84701466
E-mail：dutp@dutp.cn　URL：http://dutp.dlut.edu.cn
辽宁泰阳广告彩色印刷有限公司印刷　　大连理工大学出版社发行

幅面尺寸:185mm×260mm	印张:10.75	字数:275 千字
2006 年 6 月第 1 版		2019 年 1 月第 5 版
2019 年 1 月第 1 次印刷		

责任编辑:郑淑琴　　　　　　　　　　　　　　　责任校对:李作鹏
封面设计:对岸书影

ISBN 978-7-5685-1792-8　　　　　　　　　定　价:29.80 元

总　序

　　我们已经进入了一个新的充满机遇与挑战的时代，我们已经跨入了 21 世纪的门槛。

　　20 世纪与 21 世纪之交的中国，高等教育体制正经历着一场缓慢而深刻的革命，我们正在对传统的普通高等教育的培养目标与社会发展的现实需要不相适应的现状做历史性的反思与变革的尝试。

　　20 世纪最后的几年里，高等职业教育的迅速崛起，是影响高等教育体制变革的一件大事。在短短的几年时间里，普通中专教育、普通高专教育全面转轨，以高等职业教育为主导的各种形式的培养应用型人才的教育发展到与普通高等教育等量齐观的地步，其来势之迅猛，发人深省。

　　无论是正在缓慢变革着的普通高等教育，还是迅速推进着的培养应用型人才的高职教育，都向我们提出了一个同样的严肃问题：中国的高等教育为谁服务，是为教育发展自身，还是为包括教育在内的大千社会？答案肯定而且唯一，那就是教育也置身其中的现实社会。

　　由此又引发出高等教育的目的问题。既然教育必须服务于社会，它就必须按照不同领域的社会需要来完成自己的教育过程。换言之，教育资源必须按照社会划分的各个专业（行业）领域（岗位群）的需要实施配置，这就是我们长期以来明乎其理而疏于力行的学以致用问题，这就是我们长期以来未能给予足够关注的教育目的问题。

　　众所周知，整个社会由其发展所需要的不同部门构成，包括公共管理部门如国家机构、基础建设部门如教育研究机构和各种实业部门如工业部门、商业部门，等等。每一个部门又可做更为具体的划分，直至同它所需要的各种专门人才相对应。教育如果不能按照实际需要完成各种专门人才培养的目标，就不能很好地完成社会分工所赋予它的使命，而教育作为社会分工的一种独立存在就应受到质疑（在市场经济条件下尤其如此）。可以断言，按照社会的各种不同需要培养各种直接有用人才，是教育体制变革的终极目的。

　　随着教育体制变革的进一步深入,高等院校的设置是否会同社会对人才类型的不同需要一一对应,我们姑且不论,但高等教育走应用型人才培养的道路和走研究型(也是一种特殊应用)人才培养的道路,学生们根据自己的偏好各取所需,始终是一个理性运行的社会状态下高等教育正常发展的途径。

　　高等职业教育的崛起,既是高等教育体制变革的结果,也是高等教育体制变革的一个阶段性表征。它的进一步发展,必将极大地推进中国教育体制变革的进程。作为一种应用型人才培养的教育,它从专科层次起步,进而应用本科教育、应用硕士教育、应用博士教育……当应用型人才培养的渠道贯通之时,也许就是我们迎接中国教育体制变革的成功之日。从这一意义上说,高等职业教育的崛起,正是在为必然会取得最后成功的教育体制变革奠基。

　　高等职业教育才刚刚开始自己发展道路的探索过程,它要全面达到应用型人才培养的正常理性发展状态,直至可以和现存的(同时也正处在变革分化过程中的)研究型人才培养的教育并驾齐驱,还需要假以时日;还需要政府教育主管部门的大力推进,需要人才需求市场的进一步完善,尤其需要高职教学单位及其直接相关部门肯于做长期的坚韧不拔的努力。新世纪高职高专教材编审委员会就是由全国100余所高职高专院校和出版单位组成的、旨在以推动高职高专教材建设来推进高等职业教育这一变革过程的联盟共同体。

　　在宏观层面上,这个联盟始终会以推动高职高专教材的特色建设为己任,始终会从高职高专教学单位实际教学需要出发,以其对高职教育发展的前瞻性的总体把握,以其纵览全国高职高专教材市场需求的广阔视野,以其创新的理念与创新的运作模式,通过不断深化的教材建设过程,总结高职高专教学成果,探索高职高专教材建设规律。

　　在微观层面上,我们将充分依托众多高职高专院校联盟的互补优势和丰裕的人才资源优势,从每一个专业领域、每一种教材入手,突破传统的片面追求理论体系严整性的意识限制,努力凸现高职教育职业能力培养的本质特征,在不断构建特色教材建设体系的过程中,逐步形成自己的品牌优势。

　　新世纪高职高专教材编审委员会在推进高职高专教材建设事业的过程中,始终得到了各级教育主管部门以及各相关院校相关部门的热忱支持和积极参与,对此我们谨致深深谢意,也希望一切关注、参与高职教育发展的同道朋友,在共同推动高职教育发展、进而推动高等教育体制变革的进程中,和我们携手并肩,共同担负起这一具有开拓性挑战意义的历史重任。

新世纪高职高专教材编审委员会

2001 年 8 月 18 日

前　言

　　《财务管理实训》(第五版)是"十二五"职业教育国家规划教材,也是新世纪高职高专教材编审委员会组编的会计专业系列规划教材之一,本教材与《财务管理》(第六版)配套使用。

　　本教材依据教育部《高职高专教育财务管理课程教学基本要求》,根据"项目引导,任务驱动"的原则编写而成。本次修订,完善了素质培养案例,对其他模块内容进行了更新。全书共分为八个项目,每个项目分为"理论指导""能力训练""素质培养""任务驱动"四个模块。通过这四个模块的实训,学生对财务管理工作过程有比较全面的了解,掌握财务管理的核心职业能力,具备一定的职业素质,为今后走上工作岗位打下坚实的基础。修订后的教材具有如下特色:

　　1.以项目为教学主线,以知识配合能力训练和任务操作

　　本教材设计了八个项目,每个项目又设计了不同的工作任务,用以覆盖全部课程的能力和知识内容,让学生在任务操作中体验实际工作中的协作与竞争,学习知识、训练能力。

　　2.体现"教、学、做"一体化的课程设计理念

　　实训就是用实际任务训练学生的能力,让学生在"做中学",在"学中做",学与做尽可能一体化进行。本教材从工作任务引入,让学生边做边学通用的一般知识,边做边训练能力,边做边养成良好的职业道德和职业素质。在"教、学、做"一体化的过程中实现课程的能力目标、知识目标和素质目标。

　　3.案例经典适用

　　本教材所选案例均是工商企业遇到的真实问题,是财务管理人员日常工作经常接触的实际问题,具有很强的代表性。案例教学提供了生动的素材,要求学生在实践中学习。通过案例分析,使学生既能掌握运用会计准则、法律法规解决实际问题的思路,还能熟悉财务管理一线的实际问题,有利于提高学生的职业能力。

　　4.典型任务驱动

　　本教材编写团队根据财务管理工作过程,解构了财务管理

工作任务,并充分考虑了初学者的认知规律,将真实的工作过程转变为易于学生学习的典型工作任务。在学生完成工作任务的过程中,培养其职业素质和职业技能。

本教材共分八个项目,分别为:财务管理基本认知,财务管理价值观念,筹资管理,投资管理,营运资本管理,收益分配管理,财务预算与控制,财务分析。

本教材由河北政法职业学院裴更生、惠州市技师学院陈谋达、河北政法职业学院赵晓丽任主编,山西交通职业技术学院陈湘,青海交通职业技术学院曲燕任副主编。具体编写分工如下:裴更生编写项目一、项目五;陈谋达编写项目七;赵晓丽编写项目三、项目四;陈湘编写项目八;曲燕编写项目二、项目六。

本教材适用于高职高专院校会计专业、会计电算化及相关专业的教学,也适用于在职人员培训及其他应用型人才的培养教育。

为方便教师教学和学生自学,本教材配有答案等配套资源,如有需要,请登录教材服务网站下载。

本教材是相关高职院校与企业倾力合作和集体智慧的结晶。尽管在教材的特色建设方面我们做出了很多努力,但不足之处在所难免,恳请各相关高职院校和读者在使用本教材的过程中予以关注,并将意见或建议及时反馈给我们,以便修订时完善。

编　者

2019 年 1 月

所有意见和建议请发往:dutpbook@163.com

欢迎访问教材服务网站:http://www.dutpbook.com

联系电话:0411-84707492　84706104

目录 ◀◀◀◀◀

项目一 财务管理基本认知

理论指导

一、企业财务活动

企业财务是指涉及钱财的业务，是与货币、资本或价值相关的概念。财务活动是指企业为了达到既定目标所进行的筹集资金、运用资金和分配收益的活动，是以现金收支为主的企业资金运动的总称。

企业财务活动包括筹资活动、投资活动、资金营运活动和资金分配活动。

二、企业财务关系

企业财务关系是指企业在组织财务活动过程中与各利益相关主体发生的经济利益关系，一般包括以下几个方面：

企业与政府、企业与投资者、企业与债权人、企业与受资者、企业与债务人、企业内部各单位、企业与职工等利益相关者之间的财务关系。

三、财务管理的概念

企业财务管理是研究一个企业如何组织财务活动、协调财务关系、提高财务效率的学科。财务管理是企业管理的一个组成部分，它是组织企业财务活动、处理财务关系的一项经济管理工作。

四、财务管理的内容

资金营运即资金的投放、使用和收回，又称为短期投资。从整体上看，企业的财务活动由筹资、投资、分配三个环节组成。因此，企业财务管理的内容由筹资管理、投资管理、营运资金管理和利润分配管理组成。

五、财务管理目标的选择

财务管理目标是财务管理依据的最高准则,是企业财务活动所要达到的根本目的。从根本上说,财务管理目标取决于企业目标,而企业目标则是一个目标体系,它通常是"所有参与集团共同作用和妥协的结果",而不简单等同于任一"参与者"的个人目标。

财务管理目标通常有三个:

(1)利润最大化;

(2)资本利润率最大化或每股盈余最大化;

(3)企业价值最大化。

所谓企业价值就是企业总资产的市场价值,也是企业债务价值与所有者权益价值(股东财富)之和。投资者在评估企业资产的价值时,一般以资产能够给企业带来经济利益的折现值来计量,它反映了企业资产的潜力或预期获利能力。

以企业价值最大化作为财务管理目标,其基本思想是将企业长期稳定的发展和持续的获利能力放在首位,强调在实现企业价值增长的过程中对有关利益的满足。其优点有四个:(1)考虑了资金的时间价值和风险价值;(2)反映了对企业资产保值增值的要求;(3)有利于克服企业的短期行为;(4)有利于社会资源的合理配置。

当然,以企业价值最大化作为财务管理目标也有不足之处。但是,现代主流财务管理理论还是将其作为财务管理的最优目标。

六、财务管理环境的分析

财务管理环境又称为理财环境,是指对企业财务活动和财务管理产生影响和作用的企业内外部条件或因素。财务管理环境按其存在的空间,可分为内部财务环境和外部财务环境。内部财务环境主要包括企业资本实力、生产技术条件、经营管理水平和决策者的素质等。外部财务环境主要包括政治环境、法律环境、经济环境、金融环境、社会文化环境和科技教育环境等,其中,影响较大的有政治环境、法律环境、经济环境和金融环境。内部财务环境存在于企业内部,是企业可以从总体上采取一定措施加以控制和改变的因素;而外部财务环境存在于企业外部,是企业治理契约或公司治理结构以外的其他影响财务主体、财务机制运行的外部条件和因素,是企业难以控制和改变的,需要不断地适应和因势利导。企业财务管理环境的各个方面特征不一,其对企业财务管理的影响也不尽相同,只有充分把握了这些特征,企业财务管理过程才能与环境相协调。

七、财务管理机构的设置

财务管理机构是指在企业中组织、领导、管理和控制财务活动的机构,是财务管理的主体。目前,较小的企业往往不单独设置财务管理机构,但在一些大型企业中,财务管理机构非常重要,独立的财务管理机构能够帮助企业完成资金筹集、投资决策、利润分配等方面的工作。

1.不独立的财务管理机构

不独立的财务管理机构是指企业设有一个财务与会计机构,这个机构集财务管理职能和会计职能于一身,但往往以会计职能为主,财务管理职能为辅。

2.半独立的财务管理机构

半独立的财务管理机构是指企业将财务管理部门从单一的财务与会计机构中分离出来,财务管理工作不再由会计机构负责,而是独立出一个专业的部门并由其负责。

八、财务管理人员的职责

企业财务管理人员的财务责任和财务权利的分配,一般由企业的财务管理体制决定,不同层次的财务管理人员的职责有所不同。

能力训练

一、单项选择题

1.企业的财务活动是以现金收支为主的企业（　　）的总称。

A.资金运动　　　　　B.实物收发活动　　　C.经营活动　　　　　D.生产活动

2.企业与（　　）之间的财务关系体现为依法纳税和依法征税的关系。

A.政府　　　　　　　B.债权人　　　　　　C.投资者　　　　　　D.职工

3.企业与（　　）之间的财务关系体现为经营权与所有权的关系。

A.政府　　　　　　　B.债权人　　　　　　C.投资者　　　　　　D.职工

4.企业与（　　）之间的财务关系体现为债务和债权的关系。

A.政府　　　　　　　B.债权人　　　　　　C.投资者　　　　　　D.职工

5.企业与（　　）之间的财务关系体现为劳动成果的分配关系。

A.政府　　　　　　　B.债权人　　　　　　C.投资者　　　　　　D.职工

6.与短期投资的风险相比,长期投资的风险（　　）。

A.要高　　　　　　　　　　　　　　　　　B.要低

C.与其相同　　　　　　　　　　　　　　　D.与其不好区分

7.经济环境是指影响企业财务活动的（　　）经济因素。

A.企业微观　　　　　B.社会宏观　　　　　C.行业　　　　　　　D.世界

8.利率也称为利息率,是（　　）的一般表现形态。

A.借贷款　　　　　　B.报酬率　　　　　　C.资金价格　　　　　D.资金供应量

9.投资者对企业的债务承担无限责任的企业组织形式是（　　）。

A.国有企业　　　　　B.独资企业　　　　　C.公司制企业　　　　D.合伙企业

10.现代财务管理的最优目标是（　　）。

A.产值最大化　　　　　　　　　　　　　　B.利润最大化

C.利润率最大化　　　　　　　　　　　　　D.企业价值最大化

11.企业的财务管理目标应该是一个（　　）。

A.单一目标　　　　　B.目标体系　　　　　C.个人决定目标　　　D.企业目标

12.企业价值最大化是企业财务管理的（　　）。

A.整体目标　　　　　B.全部目标　　　　　C.具体目标　　　　　D.目标体系

13.物价上涨时,企业应该将资金尽量投放于(　　)。

A.银行存款　　　　　　B.库存现金　　　　　　C.实物　　　　　　D.股票

14.物价下跌时,企业应该将资金尽量投放于(　　)。

A.货币资金　　　　　　B.固定资产　　　　　　C.存货　　　　　　D.应收账款

15.在金融机构中,(　　)是金融管理体系的核心。

A.商业银行　　　　　　B.政策性银行　　　　　C.非银行类金融机构　D.中央银行

16.企业的经济周期通常要经历四个阶段,衰退期、萧条期、复苏期和(　　)。

A.繁荣期　　　　　　　B.销售扩大期　　　　　C.销售困难期　　　　D.退化期

17.下列经济活动中,能够体现企业与投资者之间财务关系的是(　　)。

A.企业向职工支付工资

B.企业向其他企业支付贷款

C.企业向国家税务机关缴纳税款

D.国有企业向国有资产投资公司支付股利

18.财务管理的主要内容不包括(　　)。

A.投资决策　　　　　　B.筹资决策　　　　　　C.股利决策　　　　　D.经营决策

19.以企业价值最大化为财务管理目标存在的问题有(　　)。

A.没有考虑资金的时间价值　　　　　　B.没有考虑资金的风险价值

C.企业的价值难以评定　　　　　　　　D.容易引起企业的短期行为

20.在没有通货膨胀的条件下,纯利率是指(　　)。

A.投资期望收益率　　　　　　　　　　B.银行贷款基准利率

C.社会平均收益率　　　　　　　　　　D.没有风险的均衡点利率

二、多项选择题

1.现代财务管理组织机构的特征有(　　)。

A.具有明确的财务目标　　　　　　　　B.能满足企业多方面的需求

C.能合理划分财务管理岗位的权利与责任　D.能发挥对财务人员的激励作用

2.企业组织形式的主要类型有(　　)。

A.独资企业　　　　　　B.合伙企业　　　　　　C.公司制企业　　　　D.手工业者

3.下列选项中,(　　)是构成利息率的因素。

A.纯利率　　　　　　　　　　　　　　B.期限风险报酬

C.违约风险报酬　　　　　　　　　　　D.通货膨胀补偿

4.如果社会经济增长总体速度放缓,则对企业来说(　　)。

A.与企业无关　　　　　　　　　　　　B.企业成长机会减少

C.更要保持企业的增长速度　　　　　　D.应进行多元化投资

5.下列选项中,属于企业筹资引起的财务活动有(　　)。

A.偿还借款　　　　　　B.购买国库券　　　　　C.支付股票股利　　　D.利用商业信用

6.一般而言,资金的利率构成部分是(　　)。

A.纯利率　　　　　　　　　　　　　　B.通货膨胀补偿

C.风险报酬　　　　　　　　　　　　　D.名义利率

7.金融工具的基本特征有（　　　）。

A.期限短　　　　　　　B.流动性　　　　　　　C.风险性　　　　　　D.收益性

8.经济周期要经历（　　）等阶段。

A.衰退期　　　　　　　B.萧条期　　　　　　　C.复苏期　　　　　　D.繁荣期

9.企业的财务活动一般包括（　　）等内容。

A.筹资活动　　　　　　　　　　　　　　　B.投资活动

C.资金营运活动　　　　　　　　　　　　　D.资金分配活动

10.企业的财务管理环境是指对企业财务活动产生影响的企业外部条件,其中影响较大的有（　　　）。

A.法律环境　　　　　　B.金融环境　　　　　　C.经济环境　　　　　D.投资环境

11.下列属于资金营运活动的有（　　　）。

A.采购材料支付货款　　　　　　　　　　　B.销售产品收取货款

C.短期借款　　　　　　　　　　　　　　　D.长期借款

12.我国的政策性银行包括（　　　）。

A.中国人民银行　　　　　　　　　　　　　B.国家开发银行

C.中国农业发展银行　　　　　　　　　　　D.中国进出口银行

13.风险报酬可划分为（　　　）。

A.违约风险报酬　　　　　　　　　　　　　B.企业风险报酬

C.期限风险报酬　　　　　　　　　　　　　D.流动性风险报酬

14.企业的财务管理环境包括（　　　）。

A.经济环境　　　　　　B.金融环境　　　　　　C.法律环境　　　　　D.社会文化环境

15.在公司制企业中,公司治理机构的执行机构一般由（　　　）组成。

A.股东大会　　　　　B.董事会　　　　　　　C.监事会　　　　　　D.高层管理人员

三、判断题

1."利润最大化"目标没有考虑资金的时间价值,但考虑了风险因素。　　　　　（　　）

2.企业的目标就是财务管理的目标。　　　　　　　　　　　　　　　　　　　（　　）

3.企业进行筹资管理的目标是筹集到尽可能多的资金。　　　　　　　　　　　（　　）

4.投资包括长期投资和短期投资,但财务管理所指的投资通常是长期投资。　　（　　）

5.如何激励财务人员是人力资源管理部门的事,财务管理部门不必考虑。　　　（　　）

6.营运资金管理的基本任务是筹措短期资金和提高营运资金的周转效率。　　　（　　）

7.企业的股利分配是由企业决定的,不需遵循有关法律和法规。　　　　　　　（　　）

8.中央银行采取紧缩的货币政策时,企业的筹资成本会上升。　　　　　　　　（　　）

9.金融工具只体现持有人的权利,不涉及其他人的权利和义务。　　　　　　　（　　）

10.企业的财务管理机构是由财务管理部门设置的。　　　　　　　　　　　　（　　）

11.财务管理的首要目标是股东财富最大化而不是企业利润最大化。　　　　　（　　）

12.现代财务管理的理论认为,利润最大化是财务管理的最优目标。　　　　　（　　）

13.金融市场环境是影响财务管理的诸多因素中最为直接和最为特殊的一个方面。

（　　）

14.资本利润率最大化和每股盈余最大化的财务管理目标,能够使企业避免短期行为。

（　　）

15.企业因分配而产生的资金收支,便是由企业分配而引起的财务活动。　（　　）

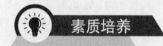 素质培养

【案例分析1】

宏伟公司是一家从事IT产品开发的企业,由三位志同道合的朋友共同出资100万元共同创立,三人平分股权比例。企业发展初期,创始股东都以企业的长远发展为目标,关注企业的持续增长能力,所以,他们注重加大研发投入,不断开发新产品,这些措施有力地提高了企业的竞争力,使企业实现了营业收入的高速增长。在开始的几年间,销售业绩以年60%的速度递增。然而,随着利润的不断快速增长,三位创始股东开始在收益分配方式上产生了分歧。股东王力、张伟倾向于分红,而股东赵勇则认为应将企业取得的收益用于扩大再生产,以提高企业的持续发展能力,实现长远利益的最大化。由于产生的矛盾不断升级,最终导致坚持企业长期发展的赵勇被迫出让其持有的1/3股份离开企业。但是,此结果引起了与企业有密切联系的广大供应商和分销商的不满,因为他们许多业务的发展壮大都与宏伟公司密切相关,他们深信宏伟公司的持续发展将为他们带来更多的发展机会。于是,他们表示如果赵勇离开企业,他们将断绝与企业的业务往来。面对这一情况,其他两位股东提出他们可以离开,但条件是赵勇必须收购他们的股份。然而,赵勇的长期发展战略需要较多投资,这样做将导致企业陷入没有资金维持生产的境地。这时,众多供应商和分销商伸出了援助之手,他们或者主动延长应收账款的期限,或者预付货款,最终赵勇又重新回到了企业,成为企业的掌门人。

经历了股权变更的风波后,宏伟公司在赵勇的领导下,不断加大投入,实现了规模化发展,在同行业中处于领先地位,企业的竞争力和价值不断提升。

要求:回答下列问题。

1.赵勇坚持企业长远发展,而其他股东要求更多的分红,赵勇的目标是否与股东财富最大化的目标相矛盾?

2.拥有控制权的大股东与供应商和分销商等利益相关者之间的利益是否矛盾,如何协调?

3.宏伟公司的所有权与经营权是合二为一的,这对企业的发展有什么利弊?

4.重要利益相关者能否对企业的控制权产生影响?

【案例分析2】

世界上第一瓶可口可乐于1886年诞生于美国。这种神奇的饮料以它不可抗拒的魅力征服了全世界数以亿计的消费者,成为"世界饮料之王"。在《商业周刊》"2003年全球1000家最有价值品牌"的评选活动中,它以704.5亿美元的品牌价值名列榜首。伦敦《金融时报》披露了2004年世界最受尊敬的保险公司排行榜,在食品饮料类保险公司中,可口可乐蝉联排行榜第一。

但是,就在可口可乐如日中天之时,竟然有另外一家同样高举"可乐"大旗、敢于向其挑战的公司,它宣称要成为"全世界顾客最喜欢的公司",并且在与可口可乐的交锋中越战越强,最终形成分庭抗礼之势,这就是百事可乐。

百事可乐同样诞生于美国,但那是在 1898 年,比可口可乐的问世晚了 12 年。百事可乐于 20 世纪 70 年代在美国始负盛名。年轻人特别爱喝这种健康饮料,以致一度在美国社会学和社会语言学上出现了一个 Pepsi Generation(百事可乐一代)名词,专指 20 世纪 70 年代的美国青年。2003 年在《商业周刊》全球"1 000 家最有价值品牌"的评选活动中,百事可乐位居第四。2004 年百事可乐在营业收入总额和增长率方面都超过了可口可乐。

可口可乐与百事可乐的竞争缠绵百年。随着年轻一族日益成为消费主体,百事可乐的"新一代选择"广告策略成功抢夺了大批年轻消费者市场,并用强大的明星阵容和宣传气势压倒了可口可乐。但是在堪称体育营销年的 2004 年,全球饮料巨头可口可乐为时下最火热的体育营销写下了精彩注脚。

事情的经过是这样的:在刘翔巴黎世锦赛夺得铜牌之前,可口可乐与他取得了联系。经过认真筛选和评估后,可口可乐看中了他的潜质,只花一个星期就签订了合同。

2004 年雅典奥运会期间,每天在赛事直播中反复出现的一个由刘翔和滕海滨出演的"要爽由自己"的广告,随着奥运圣火越烧越旺,随着刘翔夺得小组第一名,并开始与欧美运动员竞争金牌,这个广告极大地刺激了社会的消费欲望,推动了可口可乐的品牌影响力和终端销售。此时,百事可乐的娱乐明星广告却被人们淡忘。刘翔夺得奥运会冠军后,以刘翔名字命名的"刘翔特别版"可乐在各地几近脱销,可口可乐反败为胜!

用最小的成本获得了最大的商业价值,这是可口可乐获胜的关键。可口可乐的成功绝非偶然,它一向把"欢乐""活力"作为两大宣传重点,其最佳创意表现当然是与音乐、运动相联系。从 1928 年阿姆斯特丹奥运会,可口可乐就开始向奥运会提供赞助。此次可口可乐的奥运战略就是一年之前形成的,可口可乐开始"选秀"时,大多数公司连奥运计划都没有开始做。可口可乐对奥运"选秀"异常重视,其市场部旗下有专门负责体育赞助的机构,在奥运之前就深入中国运动员参战的各个项目进行选秀,并要经过一段时间的筛选和仔细评估。

可口可乐的胜利不只在选择代言人上,还在于其打了个时间差,他们 2003 年 5 月初邀请刘翔代言时的广告合约价格只有 35 万元一年,而成为冠军后的刘翔被广告商高价抢夺,身价急升至上千万。可口可乐的成功可以给日益重视体育营销的国内保险公司以这样的启示:只要你实力非凡、眼光独到,并有精心的策划和准备,奥运会随时会给你提供"双赢"的机会。

要求:

1.阅读案例,回答下列问题:

(1)从可口可乐与百事可乐的市场角逐中,你有何启发?

(2)为什么要将企业价值最大化作为财务管理的目标?

2.结合可口可乐公司,列举说明四类财务活动和七种财务关系。

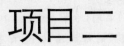

项目二 财务管理价值观念

 理论指导

一、资金时间价值

(一)资金时间价值的概念

资金时间价值是指一定量的资金经过一段时间的投资和再投资所增加的价值。它通常表示为在没有风险和没有通货膨胀条件下的社会平均资金利润率。

时间价值由工人的劳动创造,时间价值的真正来源是工人创造的剩余价值。

(二)资金时间价值的计算

1.基本计算公式

资金时间价值的计算公式如表 2-1 所示。

表 2-1   资金时间价值的计算方式

项目	基本公式	其他运用
单利终值	$F = P + I = P \times (1 + i \times n)$	求期数、利率
单利现值	$P = \dfrac{F}{(1 + i \times n)}$	求期数、利率
复利终值	$F = P \times (1+i)^n = P \times (F/P, i, n)$	求期数、利率
复利现值	$P = F \times (1+i)^{-n} = F \times (P/F, i, n)$	求期数、利率
普通年金终值	$F = A \times \dfrac{(1+i)^n - 1}{i} = A \times (F/A, i, n)$	求年金、期数、利率
普通年金现值	$P = A \times \dfrac{1 - (1+i)^{-n}}{i} = A \times (P/A, i, n)$	求年金、期数、利率
即付年金终值	$F = A \times \left[\dfrac{(1+i)^{n+1} - 1}{i} - 1 \right] = A \times [(F/A, i, n+1) - 1]$	求年金、期数、利率

（续表）

项目	基本公式	其他运用
即付年金现值	$P=A\times\left[\dfrac{1-(1+i)^{-(n-1)}}{i}+1\right]=A\times[(P/A,i,n-1)+1]$	求年金、期数、利率
递延年金终值	递延年金终值的计算方法与普通年金类似，只是期数不同	
递延年金现值	$P=A\times[(P/A,i,n)-(P/A,i,s)]$ 或 $P=A\times\dfrac{1-(1+i)^{-(n-s)}}{i}\times$ $(1+i)^{-s}=A\times(P/A,i,n-s)\times(P/F,i,s)$	
永续年金现值	$P=A\times\dfrac{1}{i}$	求利率、年金

2.名义利率与实际利率

名义利率是指当利息在一年内要复利几次时给出的年利率，而将相当于一年复利一次的利率叫作实际利率，即投资者实际获得的报酬率，其换算公式如下：

$$i=\left(1+\frac{r}{m}\right)^{m}-1$$

二、风险价值观念

（一）风险的概念及其分类

1.风险的概念

风险一般是指某一行动的结果具有多样性，不仅包括负面效应的不确定性，还包括正面效应的不确定性。风险主要是指无法达到预期收益的可能性，或由于各种难以预料和无法控制的因素作用，企业的实际收益与预期收益发生背离，而蒙受经济损失的可能性。

2.风险的分类

（1）按风险能否分散分为不可分散风险和可分散风险。不可分散风险是指那些影响所有企业的风险，它不可能通过多角化投资分散；可分散风险是指发生于个别企业的特有事件给企业造成的风险，它可以通过多角化投资分散。

（2）按风险形成的原因分为经营风险与财务风险。经营风险是指企业因经营上的原因导致利润变动的不确定性，经营风险是不可避免的；财务风险是指因借款而增加的风险，是筹资决策带来的风险，财务风险是可避免的。

（二）风险的衡量

1.概率

概率是用百分数或小数来表示随机事件发生可能性的大小，或出现某种结果可能性大小的数值。一般用 P_i 表示，它是介于 $0\sim1$ 的一个数。

2.计算期望值

$$\overline{E}=\sum_{i=1}^{n}P_iX_i$$

3.计算标准离差

$$\sigma = \sqrt{\sum_{i=1}^{n}(X_i - \overline{E})^2 P_i}$$

4.计算标准离差率

$$V = \frac{\sigma}{\overline{E}}$$

标准离差率越大,风险程度就越大。在期望值不相等的情况下,应用标准离差率比较风险大小。

（三）风险报酬的计算

风险与报酬的关系是风险越大要求的报酬率越高。用公式表示如下:

$$K = R_F + bv = 无风险报酬率 + 风险报酬系数 \times 标准离差率$$
$$= 无风险报酬率 + 风险报酬率$$

 能力训练

一、单项选择题

1.资金时间价值的实质是（   ）。

A.存款利息率 　　　　　　　　　　B.资金周转使用后的增值额

C.资金利润率 　　　　　　　　　　D.差额价值

2.宏发公司现在将 1 000 元存入银行,年利率为 8%,复利计算,5 年后企业可以从银行取出（   ）元。

A.1 400 　　　　　B.1 452.6 　　　　　C.1 469 　　　　　D.1 685.1

3.宏运公司 5 年内每年年末存入银行 1 000 元,年利率为 9%,则 5 年后可以从银行取出（   ）元。

A.5 985 　　　　　B.6 105.1 　　　　　C.4 506.1 　　　　　D.4 573.5

4.从财务的角度来讲,风险主要是指（   ）。

A.生产经营风险

B.无法达到预期报酬率的可能性

C.筹资决策带来的风险

D.不可分散的市场风险

5.甲方案在三年中每年年初付款 100 元,乙方案在三年中每年年末付款 100 元,若利率为 10%,则这两个方案在第三年年末终值相差（   ）元。

A.33.1 　　　　　B.31.3 　　　　　C.133.1 　　　　　D.13.31

6.由影响所有公司的因素引起的风险,可以称为（   ）。

A.公司特有风险 　　B.市场风险 　　　C.经营风险 　　　D.财务风险

7.宏远公司向银行借款 100 万元,年利率为 10%,半年复利一次,则该项借款的实际利率是（   ）。

A.10% 　　　　　B.5% 　　　　　C.11% 　　　　　D.10.25%

8.下列说法不正确的是(　　)。

A.复利终值系数与复利现值系数互为倒数

B.普通年金终值系数与普通年金现值系数互为倒数

C.普通年金终值系数与偿债基金系数互为倒数

D.普通年金现值系数与资本回收系数互为倒数

9.投资者甘愿进行风险投资,是因为(　　)。

A.风险投资可以使企业获利

B.风险投资可以使企业获得等于资金时间价值的报酬

C.风险投资可以使企业获得高于资金时间价值的报酬

D.风险投资可以使企业获得报酬

10.下列选项中,不能通过证券组合分散的风险是(　　)。

A.非系统性风险 　　　　　　　　　　B.公司特别风险

C.可分散风险 　　　　　　　　　　　D.市场风险

11.已知甲方案投资收益率的期望值为15%,乙方案投资收益率的期望值为12%,两个方案都存在投资风险。比较甲、乙两方案风险大小应采用的指标是(　　)。

A.方差 　　　　　　　　　　　　　　B.期望值

C.标准离差 　　　　　　　　　　　　D.标准离差率

12.有一项年金,前3年无流入,后3年每年年初流入500万元,假设年利率为10%,其现值为(　　)万元。

A.1 994.59 　　　　B.1 565.68 　　　　C.1 813.48 　　　　D.1 423.21

13.王兴准备在未来5年中,每年年末从银行取出10 000元,假定银行利率为5%,他现在应存入(　　)元。

A.43 290 　　　　　B.55 260 　　　　　C.50 000 　　　　　D.38 600

14.刘丽购入10 000元国债,期限为3年,年利率为5%,按复利计算,她3年后能取出(　　)元。

A.10 500 　　　　　B.11 500 　　　　　C.7 840 　　　　　　D.12 760

15.下列选项中,会带来非系统性风险的是(　　)。

A.某公司发生火灾 　　　　　　　　　B.国家调整利率

C.通货膨胀 　　　　　　　　　　　　D.战争

16.关于标准差和标准离差率,下列表述正确的是(　　)。

A.标准差是各种可能报酬率偏离预期报酬率的平均值

B.如果以标准差评价方案的风险程度,标准差越小,投资方案的风险就越大

C.标准离差率即风险报酬率

D.对比期望收益率不同的各个投资项目的风险程度,应用标准离差率

17.现有两个投资项目甲和乙,已知甲项目期望值为20%,乙项目期望值为30%,甲项目标准离差为40%,乙项目标准离差为50%,那么(　　)。

A.甲项目的风险程度大于乙项目

B.甲项目的风险程度小于乙项目

C.甲项目的风险程度等于乙项目

D.不能确定

18.投资组合（　　　）。

A.能分散所有风险　　　　　　　　　B.能分散系统性风险

C.能分散非系统性风险　　　　　　　D.不能分散风险

19.企业的财务风险是指（　　　）。

A.因还款而增加的风险　　　　　　　B.负债筹资带来的风险

C.因生产经营变化带来的风险　　　　D.外部环境变化带来的风险

20.投资者冒风险进行投资，所获得的超过资金时间价值的那部分额外报酬称为（　　　）。

A.无风险报酬　　　　　　　　　　　B.风险报酬

C.平均报酬　　　　　　　　　　　　D.差额报酬

二、多项选择题

1.永续年金的特点有（　　　）。

A.无法计算终值　　　　　　　　　　B.没有固定的期限

C.每期等额收付　　　　　　　　　　D.每期不等额收付

2.影响期望报酬率的因素有（　　　）。

A.无风险报酬率　　　B.风险程度　　　C.风险报酬率　　　　　D.市场利率

3.下列关于资金时间价值的表述，正确的有（　　　）。

A.资金时间价值是资金经过投资和再投资增加的价值

B.资金时间价值必须按复利方式计算

C.资金时间价值是一种客观存在的经济现象

D.资金时间价值是指在没有风险和没有通货膨胀的条件下的社会平均资金利润率

4.普通年金现值系数表的用途有（　　　）。

A.已知年金求现值　　　　　　　　　B.已知现值求年金

C.已知现值求终值　　　　　　　　　D.已知现值和年金求利率

5.下列选项中，属于普通年金形式的项目有（　　　）。

A.零存整取储蓄存款的整取额　　　　B.定期定额支付的养老金

C.年资本回收额　　　　　　　　　　D.偿债基金

6.下列选项中，可以计算出确切结果的有（　　　）。

A.普通年金的现值　　　　　　　　　B.永续年金的终值

C.递延年金的终值　　　　　　　　　D.即付年金的终值

7.某项年金前三年没有流入，从第四年开始每年年末流入1 000元，共计4次，假设年利率为8%，则该递延年金现值的计算公式正确的有（　　　）。

A.$1\ 000 \times (P/A, 8\%, 4) \times (P/F, 8\%, 3)$

B.$1\ 000 \times [(P/A, 8\%, 8) - (P/A, 8\%, 4)]$

C.$1\ 000 \times [(P/A, 8\%, 7) - (P/A, 8\%, 3)]$

D.$1\ 000 \times (P/A, 8\%, 4) \times (P/F, 8\%, 8)$

8.年金按其每次收付发生的时点不同,可分为(　　　)。

A.普通年金　　　　B.即付年金　　　　C.递延年金　　　　D.永续年金

9.下列公式正确的有(　　　)。

A.风险收益率＝风险报酬系数×标准离差率

B.风险收益率＝风险价值系数×标准离差

C.投资总收益率＝无风险收益率＋风险收益率

D.投资总收益率＝无风险收益率＋风险报酬系数×标准离差率

10.关于递延年金的说法正确的有(　　　)。

A.递延年金的现值与递延期有关

B.递延年金的终值与递延期无关

C.递延年金的第一次支付发生在若干期以后

D.递延年金只有现值没有终值

11.关于投资者要求的期望投资报酬率,下列说法中正确的有(　　　)。

A.风险程度越高,要求的报酬率就越低

B.风险报酬率越高,要求的期望投资报酬率就越高

C.风险报酬率越低,要求的期望投资报酬率就越高

D.风险程度越高,要求的期望投资报酬率就越高

12.A项目的确定报酬率为10%,B项目的报酬率有两种可能:一种是有50%的可能性获得 30%的报酬率;另一种是有 50%的可能性亏损 10%。下列说法中正确的有(　　　)。

A.B项目的期望收益率为 10%

B.A项目的风险小于 B项目的风险

C.投资者绝不可能选择 B项目

D.投资 B项目获得的实际报酬可能大大超过 A项目

13.在下列各种情况下,会给企业带来经营风险的有(　　　)。

A.企业举债过度　　　　　　　　B.原材料价格发生变动

C.企业产品更新换代周期过长　　D.企业产品的质量不稳定

14.下列选项中,既有现值又有终值的有(　　　)。

A.复利　　　　　　B.普通年金　　　　C.即付年金　　　　D.永续年金

15.下列表述中,正确的有(　　　)。

A.复利终值系数和复利现值系数互为倒数

B.普通年金终值系数和普通年金现值系数互为倒数

C.普通年金终值系数和偿债基金系数互为倒数

D.普通年金现值系数和投资回收系数互为倒数

三、判断题

1.资金时间价值经常用利率来表示,所以,资金时间价值的实质就是利率。　　　(　　　)

2.资金时间价值相当于在没有风险的情况下的社会平均资金利润率。　　　(　　　)

3.即付年金的现值系数是在普通年金的现值系数的基础上系数加 1、期数减 1 得

到的。（　　）

4.递延年金有终值,终值的大小与递延期是有关的,在其他条件相同的情况下,若递延期越长,则递延年金的终值越大。（　　）

5.利率不仅包含时间价值,而且也包含风险价值和通货膨胀补偿率。（　　）

6.由于经营风险是指因生产经营的不确定性而带来的风险,是任何商业活动都有的,所以它是不可分散风险。（　　）

7.人们在进行财务决策时,之所以选择低风险的方案,是因为低风险会带来高收益,而高风险的方案收益往往偏低。（　　）

8.在现值及期限一定的情况下,利率越高,终值越大;在终值及期限一定的情况下,利率越高,现值越小。（　　）

9.风险和风险报酬通常相伴而生,风险越大,风险报酬也越大,反之亦然。（　　）

10.成本效益观念,就是指一项财务决策要以预期的效益大于成本为原则。（　　）

11.张丽将 10 000 元存入银行,存期为 3 年,年利率为 5%,按复利计算,3 年后能取出 11 500 元。（　　）

12.标准差越小,概率分布越集中,相应的风险也就越大。（　　）

13.复利是计算利息的一种方法,不仅本金要计算利息,利息也要计算利息,俗称"利滚利"。（　　）

14.凡不是从第一期开始的普通年金都是递延年金。（　　）

15.财务风险是可以避免的,如果企业不举债,则企业就没有财务风险。（　　）

四、计算题

1.李某在 2017 年 1 月 1 日存入银行 20 000 元,年利率为 3.88%,存期为 3 年,要求计算:

(1)若每年复利一次,则到期的本利和(即终值)为多少?

(2)若每季度复利一次,则到期的本利和为多少?

(3)若单利计息,则到期的本利和为多少?

2.张某决定在 2017—2020 年每年的 1 月 1 日分别存入银行 10 000 元,按 8% 的利率,每年复利一次,要求计算到 2020 年 12 月 31 日,四笔款项的本利和是多少?

3.瑞天公司拟租赁一间厂房,期限是 10 年,假设年利率是 10%,出租方提出以下几种付款方案:

(1)立即付全部款项,共计 20 万元;

(2)从第 4 年开始每年年初付款 4 万元,至第 10 年年初结束;

(3)第 1 年到第 8 年每年年末支付 3 万元,第 9 年末支付 4 万元,第 10 年年末支付 5 万元。

要求:通过计算回答该公司应选择哪种付款方案比较合算?

4.瑞祥公司有甲、乙两台设备可供选用,甲设备的年使用费比乙设备的低 2 000 元,但价格高于乙设备 8 000 元。若公司资本成本为 10%,要求计算甲设备的使用期应长于多少年,选用此设备才是有利的。

5.王某拟投资 A、B 两种股票,通过分析 A、B 股票的历史资料,得到的数据如表 2-2

所示。假设无风险报酬率为 8%，风险报酬系数（b）为 0.05。

表 2-2　　　　　　　　　　**A、B 股票的历史资料**

经济状况	概率	A 的收益率	B 的收益率
衰退	0.3	−5%	−10%
正常	0.4	10%	15%
繁荣	0.3	25%	40%

要求：

（1）计算 A、B 股票的预期收益率、标准差、标准离差率。

（2）计算 A、B 股票的期望投资报酬率。

（3）根据计算，比较 A、B 股票的风险哪个大，为什么？

【案例分析 1】

年金终值与现值的计算

资料一：利民公司 2017 年 1 月 1 日向沈阳信托投资公司融资租赁一台万能机床，双方在租赁协议中明确规定租期截止到 2022 年 12 月 31 日，年租金为 56 000 元，于每年年末支付一次，沈阳信托投资公司要求的利息及手续费率为 5%。

资料二：利民公司 2017 年 8 月拟在东北某大学设立一笔"助成奖学基金"。奖励计划为每年特等奖 1 名，金额为 10 000 元；一等奖 2 名，每名金额为 5 000 元；二等奖 3 名，每名金额为 3 000 元；三等奖 4 名，每名金额为 1 000 元。目前银行存款年利率为 4%，并预测短期内不会发生变动。

资料三：利民公司 2017 年 1 月 1 日向中国工商银行沈阳分行借入一笔款项，银行贷款年利率为 6%，同时利民公司与该银行约定：前三年不用还本付息，但从 2020 年 12 月 31 日起至 2024 年 12 月 31 日止，每年年末要偿还本息 20 000 元。

要求：

（1）根据资料一计算系列租金的现值和终值，如果年租金改按每年年初支付一次，再计算系列租金的现值和终值。

（2）根据资料二分析利民公司为设此项奖学基金，应一次性存入银行多少钱。

（3）根据资料三分析利民公司 2017 年向中国工商银行沈阳分行借入多少本金，每年年末偿还的本息在 2024 年 12 月 31 日的终值是多少。

【案例分析 2】

北方公司风险收益的计量

北方公司 2017 年陷入经营困境，原有柠檬饮料因市场竞争激烈、消费者喜好发生变化等原因开始滞销。为改变产品结构，开拓新的市场领域，北方公司拟开发以下两种新产品：

1.洁清纯净水

面对全国范围内的节水运动及供应限制,尤其是北方十年九旱的特殊环境,开发部认为洁清纯净水将进入百姓的日常生活,市场前景看好,有关市场预测资料如表2-3所示。

表2-3　　　洁清纯净水市场预测资料

市场销路	概率(%)	预计年净收益(万元)
好	60	150
一般	20	60
差	20	—10

据专家测算该项目的风险系数为0.5。

2.消渴啤酒

开发部提出开发消渴啤酒方案。北方人向来豪爽、好客,亲朋好友聚会总会开怀畅饮一番;北方气候干燥,且近年来气温大幅度升高;随着人均收入的增长,人们的生活水平日益提高。有以下几个原因:有关市场预测资料如表2-4所示。

表2-4　　　消渴啤酒市场预测资料

市场销路	概率(%)	预计年净收益(万元)
好	50	180
一般	20	85
差	30	—25

据专家测算该项目的风险系数为0.6。

要求:

(1)对两种产品开发方案的收益与风险予以计量。

(2)对两种产品开发方案进行评价。

任务驱动

【工作任务1】　资金时间价值观念

一、实训目的与要求

通过本任务实训,学生全面了解资金时间价值的意义及年金的概念和特点;熟悉资金时间价值在现实经济生活中的运用;掌握单利、复利现值、终值的计算;掌握普通年金、即付年金、递延年金和永续年金的计算;熟悉四种年金之间的勾稽关系;能够灵活运用各种计算技巧解决现实工作中遇到的时间价值相关问题。

二、能力目标

1.正确计算银行存款、国债本利和;

2.能运用单利和复利理论,解决经济生活中的实际问题;

3.掌握年金终值、现值的含义与计算方法;

4.准确计算设备租金、房贷还款额;

5.能运用时间价值理论,解决经济生活中的实际问题;

6.能够胜任理财岗位能力要求。

三、实训地点与形式

1.实训地点:校内模拟实训室;

2.实训形式:模拟实践。

四、实训教学内容

1.掌握复利现值和终值的含义及计算方法;

2.掌握年金现值、年金终值的含义与计算方法;

3.熟悉现值系数、终值系数在计算资金时间价值中的运用。

五、实训资料

(一)新兴公司需用设备一台,买价为 150 000 元,使用寿命为 10 年。如果租入,则每年年末需支付租金 25 000 元,除此以外,其他条件相同,假设当前市场利率为 8%,试分析该公司购买设备好还是租用设备好。

(二)李女士欲购买一商品房,房价为 86 万元,李女士能一次性支付 56 万元,余款向银行进行按揭贷款,采用等额本息法进行支付,即每年年末等额还款一次。目前银行贷款利率为 6.5%,李女士每月有固定收入为 5 800 元,为了不影响生活质量,李女士每月必须要留有 3 000 元的生活费。银行有 10 年还贷和 20 年还贷两种付款方式可供选择,请你帮助李女士计算在 10 年还贷和 20 年还贷两种情况下每年的等额还款数额,为李女士决策提供参考。

(三)王先生想购置一处别墅,开发商提出三种付款方案:(1)一次性支付 160 万元;(2)从现在起,每年年初支付 18 万元,连续支付 10 次,共 180 万元;(3)先一次性支付 50 万元,然后每年年末支付 13 万元,连续支付 10 次,共 130 万元。假设年利率为 7%,请你帮助王先生决策应该选择哪种方案。

(四)星湖公司有一项付款业务,有甲、乙两种付款方案。

甲方案:现在一次性支付 50 万元。

乙方案:每年年初支付 13 万元,连续支付 5 年,假设当前年利率为 8%。

要求:请你从甲、乙两种方案中选择最优方案,为星湖公司做出决策。

(五)蓝月亮公司的债务偿还情况如下:

2017 年年初,蓝月亮公司为上马 A 项目,计划从银行获取 500 万元贷款,贷款的年利率为 8%,贷款期限为 5 年,A 项目建设期为两年,经营期为 10 年。银行提出三种还款方式,以供蓝月亮公司选择。

这三种贷款偿还方式如下:

(1)每年年末只付利息,债务到期一次清偿本金;

(2)全部本息在债务到期时一次清偿;

(3)在债务期间每年年末均匀偿还本金和利息。

请你站在公司的角度,为蓝月亮公司选择最适宜的还款方式来偿还贷款,并说明在何种情况下企业负债经营才是有利的。

六、实训教学要求

1.知识准备:资金时间价值的公式及勾稽关系,证券评价的方法等;

2.组织准备:任课教师提前布置实训任务,并进行分组,确立小组长,由小组长在老师指导下进行组员分工;

3.实训指导:教师可通过案例教学的方法,介绍资金时间价值公式在经济生活中的运用,以此指导学生的实训操作;

4.学生能在课堂讨论中踊跃发言,参与讨论。

七、实训教学组织和步骤

1.划分实训教学小组;

2.布置实训任务;

3.利用课余时间,让学生对实训工作任务进行讨论、解答;

4.每小组派一名代表,对本组实训结果进行讲评;

5.教师对实训工作任务进行点评。

八、实训考核评价

1.在实训中的表现;

2.对资金时间价值公式运用的熟练程度;

3.对现实工作中时间价值的相关问题的分析和解决能力。

【工作任务 2】 风险价值观念

一、实训目的与要求

通过本任务实训,让学生了解企业风险的类型,掌握单个投资风险价值的衡量方法,树立风险观念,让学生真正理解企业存在的风险,树立风险意识。

二、能力目标

1.准确计算标准离差与风险报酬;

2.准确分析经营风险和财务风险对企业的影响;

3.运用风险价值理论,解决经济生活中的实际问题。

三、实训地点与形式

1.实训地点:校内模拟实训室;

2.实训形式:模拟实践。

四、实训教学内容

1.掌握企业投资风险与收益的含义;

2.掌握企业投资风险的衡量方法。

五、实训资料

(一)福星公司有 A、B 两个投资项目,计划投资额均为 580 万元,经测算其收益率的概率分布如表 2-5 所示:

表 2-5   福星公司 A、B 投资项目收益预测

市场状况	概率	A 项目	B 项目
好	0.3	20％	25％
一般	0.6	10％	15％
差	0.1	0％	－10％

要求：

(1)请你为福星公司计算 A、B 两个项目的期望值；

(2)请你为福星公司计算 A、B 两个项目的标准差；

(3)比较 A、B 两个投资项目风险的大小，并为福星公司做出决策；

(4)如果无风险收益率为 5％，A 项目的风险价值系数为 8％，计算 A 项目投资的总收益率。

(二)蓝天公司风险收益的衡量

蓝天公司拟开发 A、B 两种新产品，A 产品需要投入资金 800 万元，B 产品需要投入资金 960 万元，两种产品受益期均为 8 年。经专家测定，开发 A 产品的风险系数为 0.5，A 产品有关市场资料如表 2-6 所示。

表 2-6   A 产品收益预测

市场销路	概率	预计年净收益(万元)
好	0.3	200
一般	0.5	120
差	0.2	－40

经专家测定，开发 B 产品的风险系数为 0.6。B 产品有关市场资料如表 2-7 所示。

表 2-7   B 产品收益预测

市场销路	概率	预计年净收益(万元)
好	0.4	220
一般	0.3	150
差	0.3	－50

要求：

(1)请你运用风险理论，对 A、B 两种新产品开发方案的收益与风险进行衡量；

(2)请你运用风险理论，对 A、B 两种新产品开发方案进行评价。

六、实训教学要求

1.对上述两个实训资料中提出的问题进行分析；

2.能利用风险知识对投资方案进行评价；

3.在教师指导下，对工作任务进行讨论、评价；

4.能在课堂讨论中踊跃发言，参与讨论。

七、实训教学组织和步骤

1.划分实践教学小组；

2.布置实训任务；

3.利用课余时间，让学生对实训工作任务进行讨论、解答；

4.每小组派一名代表，对本组实训结果进行讲评；

5.教师对实训工作任务进行点评。

八、实训考核评价

1.在实训中的表现；

2.对单个投资风险价值的掌握程度；

3.对现实经济生活中风险相关问题的分析和解决能力；

4.对风险观念的理解能力。

项目三 筹资管理

工作任务 1　筹资方式的选择(一)

一、企业筹资的目的与要求

(一)企业筹资的目的

企业要筹集一定数量的资金的主要目的有以下几个方面:

(1)满足企业设立的需要;

(2)满足生产经营的需要;

(3)偿还债务的需要;

(4)满足资本结构调整的需要。

(二)企业筹资的要求

企业在筹资过程中,必须满足下列要求:

(1)合理确定资金需要量,适时控制资金投放时间;

(2)科学选择筹资方式,力求降低资本成本;

(3)妥善安排资本结构,保证举债规模适度。

二、企业筹资的渠道与方式

(一)企业筹资的渠道

企业筹资的渠道是指企业筹集资金的方向与通道,体现着资金的来源与流量。现阶段,我国企业筹资的渠道主要有:

(1)国家财政资金;

(2)银行信贷资金；

(3)非银行金融机构资金；

(4)其他法人资金；

(5)民间资金；

(6)企业自留资金；

(7)外商资金。

(二)企业筹资的方式

企业筹资的方式是指企业筹集资金所采取的具体方法和形式,即如何取得资金。筹资渠道是客观存在的,而筹资方式则是企业的主观行为。企业筹资管理的主要内容是选择合理的筹资方式进行筹资,为此,首先要了解筹资方式的种类和特点,根据本企业的特点选择适当的筹资方式,有效地进行筹资组合,降低筹资成本,提高筹资效益。

企业筹资的方式主要有以下几种：

(1)吸收直接投资；

(2)发行股票；

(3)发行债券；

(4)银行借款；

(5)商业信用；

(6)融资租赁。

三、筹集资金的分类

企业从不同渠道,利用不同筹资方式筹集的资金,由于其来源、方式、期限、用途等有所不同,形成不同的筹资类别。

(一)自有资金和负债资金

按所筹集资金性质不同,筹集资金可分为自有资金和负债资金。

1.自有资金

自有资金又称为主权资金或权益资金,是企业依法筹集并长期拥有、自主支配的资金。

2.负债资金

负债资金又称为借入资金或债务资金,是企业依法筹集并依约使用、按期偿还的资金。

(二)长期资金和短期资金

企业所筹集资金中,按期限可分为长期资金和短期资金两类。

1.长期资金

长期资金是指占用期限在一年或一个营业周期以上的资金。长期资金占用期限长,对企业短期经营的影响较小,但成本相对较高,投资风险较大。

2.短期资金

短期资金是指占用期限在一年或一个营业周期内的资金。

四、资金需求量的预测方法——销售百分比法

销售百分比法是指以未来销售额变动的百分比为主要依据,考虑随销售额变动的资产负债表项目及其他因素对资金需求的影响,从而预测未来需要追加的资金量的一种定量计算方法。

资产负债表的各项目可以划分为敏感项目与非敏感项目。凡是随销售额变动而变动并呈现一定比例关系的项目,称为敏感项目;凡是不随销售额变动而变动的项目,称为非敏感项目。固定资产则比较特殊,只有当固定资产利用率已经达到最优状态,产销量的增加将导致机器设备、厂房等固定资产的增加时,固定资产净值才应列为敏感项目;如果目前固定资产的利用率并未达到最优状态,则在一定范围内的产销量增加就不需要增加固定资产的投入,此时固定资产净值不应列为敏感项目。敏感项目与销售额之间成正比例关系。基期与预测期的情况基本不变,销售额的预测比较准确,在此情况下,可以采用销售百分比法预测资金需要量。

工作任务 2　筹集方式的选择(二)

一、吸收直接投资

吸收直接投资是指企业以合同、协议等形式吸收国家、法人、个人和外商等主体直接投入的资金,形成企业资本金的一种筹资方式。

(一)吸收直接投资的种类

(1)吸收国家的直接投资,形成国家资本金;

(2)吸收企业、事业单位等法人的直接投资,形成法人资本金;

(3)吸收企业内部职工和城乡居民的直接投资,形成个人资本金;

(4)吸收外国投资者和我国港、澳、台地区投资者的直接投资,形成外商资本金。

(二)吸收直接投资的出资方式

(1)现金投资;

(2)实物投资;

(3)无形资产投资。

(三)吸收直接投资的程序

企业采用吸收直接投资方式,应遵循以下程序:

(1)确定吸收直接投资的资金数量;

(2)选择吸收直接投资的具体方式;

(3)签署合同或协议等文件;

(4)取得资金来源。

(四)吸收直接投资的优缺点

1.吸收直接投资的优点

(1)吸收直接投资能提高企业的资信和借款能力;

(2)吸收直接投资能尽快地形成生产经营能力;

(3)吸收直接投资能降低财务风险。

2.吸收直接投资的缺点

(1)吸收直接投资的资本成本通常较高;

(2)吸收直接投资的产权关系有时不够明晰,也不便于产权的交易。

二、普通股股票筹资

股票是股份有限公司为筹集权益资金而发行的有价证券,是持股人拥有公司股份的凭证。

(一)普通股的种类

(1)按股票有无记名分为记名股票和不记名股票;

(2)按股票是否标明面值分为有面值股票和无面值股票;

(3)按投资主体不同分为国家股、法人股、外资股和个人股;

(4)按发行对象和上市地区不同分为 A 股、B 股、H 股和 N 股。

(二)股票的发行

股份有限公司发行股票,应明确发行类型,确认发行条件,选择发行方式,履行发行程序,降低发行成本。

1.股票发行的类型

股票发行一般分为以下两种类型:

(1)设立发行;

(2)增发新股。

2.股票发行的条件

根据《中华人民共和国公司法》(以下简称《公司法》)和《中华人民共和国证券法》(以下简称《证券法》)的规定,不同的股票发行类型,发行条件也不相同。

(1)设立发行的条件

设立股份有限公司公开发行股票应当具备的条件包括:

第一,符合《公司法》规定的条件。主要是指:

①发起人应当在 2 人以上 200 人以下,其中须有半数以上的发起人在中国境内有住所;

②有符合法定要求的公司章程;

③除法律、行政法规另有规定外,发起人认购的股份数不得少于公司股份总数的 35%;

④应当由依法设立的证券公司承销证券,签订承销协议;

⑤应当与银行签订代收股款协议等。

第二,符合经国务院批准的国务院证券监督管理机构规定的其他条件。

(2)增发新股的条件

股份有限公司成立以后,由于各种原因可能要发行新股,公司增发新股,必须具备下列条件:

①前一次发行的股份已募足,并间隔一年以上;

②公司在最近三年内连续盈利,并可向股东支付股利,但以当年利润分派新股不受此限制;

③公司在最近三年内财务会计文件无虚假记载;

④公司预期利润率可达同期银行存款利率。

3.股票发行的程序

设立股份有限公司时发行股票与增资扩股发行新股的程序并不相同,下面我们分别介绍两者的程序:

(1)设立股份有限公司时发行股票的程序

①提出募集股份申请;

②发起人公告招股说明书,并制作认股书;

③发起人与依法设立的证券经营机构签订承销协议,与银行签订代收股款协议;

④缴足股款后,由法定的验资机构验资并出具证明,发起人在30日内主持召开公司创立大会;

⑤创立大会结束后30日内,董事会向公司登记机关报送有关文件,申请设立登记;

⑥股份有限公司经登记成立后,将募集股份情况报国务院证券管理部门备案。

(2)增资发行新股的程序

①股东大会做出发行新股的决议;

②董事会向国务院授权的部门或者省级人民政府申请批准,属于向社会公开募集的,须经国务院证券管理部门批准;

③公告新股招股说明书和财务会计报表及附属明细表,与证券经营机构签订承销合同,定向募集时向新股认购人发出认购公告或通知;

④招认股份,缴纳股款;

⑤改组董事会、监事会,办理变更登记并向社会公告。

4.股票发行方式与销售方式

(1)股票发行方式

股票发行方式是指公司通过何种途径发行股票。股票发行方式一般可以分为两类:公开间接发行和不公开直接发行。

①公开间接发行:指通过中介机构,公开向社会公众发行股票;

②不公开直接发行:指不公开对外发行股票,只向少数特定的对象直接发行,因而不需要中介机构承销。

(2)股票销售方式

股票销售方式指的是股份有限公司向社会公开发行股票时所采取的股票销售方法。股票销售方式有两类:自销方式和委托承销方式。

①自销方式:指发行公司自己直接将股票销售给认购者;

②委托承销方式:指发行公司将股票销售业务委托给证券经营机构代理。

5.股票发行价格

股票发行价格是股票发行时所使用的价格,也就是投资者认购股票时所支付的价格。股票发行价格一般有以下三种:

(1)等价发行;

(2)市价发行;

(3)中间价发行。

《公司法》规定,股票发行价格可以等于票面金额(等价),也可以超过票面金额(溢价),但不得低于票面金额(折价)。

(三)股票上市

股票上市是指股份有限公司公开发行的股票经批准在证券交易所进行挂牌交易。

1.股票上市的条件

《证券法》规定,股份有限公司申请其股票上市,应当符合下列条件:

(1)股票经国务院证券管理机构核准已公开发行;

(2)公司股本总额不少于人民币3 000万元;

(3)向社会公开发行的股份达到公司股份总数的25%以上;公司股本总额超过人民币4亿元的,其向社会公开发行股份的比例为10%以上;

(4)公司在最近三年内无重大违法行为,财务会计报告无虚假记载。

证券交易所可以规定高于前款规定的上市条件,并报国务院证券监督管理机构批准。

2.股票暂停上市的原因

上市公司有下列情形之一的,由证券交易所决定暂停其股票上市交易:

(1)公司股本总额、股权分布等发生变化不再具备上市条件;

(2)公司不按规定公开其财务状况,或者对财务会计报告做虚假记载,可能误导投资者;

(3)公司有重大违法行为;

(4)公司最近三年连续亏损;

(5)证券交易所上市规则规定的其他情形。

3.股票终止上市的原因

上市公司有下列情形之一的,由证券交易所决定终止其股票上市交易:

(1)公司股本总额、股权分布等发生变化不再具备上市条件,在证券交易所规定的期限内仍不能达到上市条件;

(2)公司不按照规定公开其财务状况,或者对财务会计报告做虚假记载,且拒绝纠正;

(3)公司最近三年连续亏损,在其后一个年度内未能恢复盈利;

(4)公司解散或者被宣告破产;

(5)证券交易所上市规则规定的其他情形。

（四）普通股筹资的优缺点

1.普通股筹资的优点

(1)无固定股利负担；

(2)无固定到期日，无须还本；

(3)普通股筹资的风险小；

(4)普通股筹资能增强公司偿债和举债能力。

2.普通股筹资的缺点

(1)普通股的资本成本较高；

(2)普通股的追加发行会分散公司的控制权；

(3)普通股的追加发行有可能引发股价下跌。

三、优先股股票筹资

优先股是相对于普通股而言的，较普通股具有某些优先权，同时也受到一定限制的股票。

（一）优先股的特征

(1)优先分配固定的股利；

(2)优先分配公司剩余财产；

(3)优先股股东一般无表决权；

(4)优先股可由公司赎回。

（二）优先股的种类

优先股按其具体的权利不同可分为：

(1)累积优先股和非累积优先股；

(2)参与优先股和非参与优先股；

(3)可转换优先股和不可转换优先股；

(4)可赎回优先股和不可赎回优先股。

（三）发行优先股的动机

股份有限公司发行优先股，筹集自有资金只是其目的之一。优先股的特性决定了公司发行优先股往往还有其他的动机。

(1)防止公司股权分散化；

(2)调整现金余缺；

(3)改善公司资本结构；

(4)维持举债能力。

（四）优先股筹资的优缺点

1.优先股筹资的优点

(1)优先股一般没有固定的到期日，不用偿付本金；

(2)股利的支付既固定又有一定的灵活性；

(3)保持普通股股东对公司的控制权；

(4)从法律上讲,优先股股本属于自有资金,发行优先股能加强公司的自有资本基础,可适当增强公司的信誉,提高公司的借款举债能力。

2.优先股筹资的缺点

(1)优先股的成本虽低于普通股,但一般高于债券;

(2)对优先股的筹资制约因素较多;

(3)可能形成较重的财务负担。

四、可转换债券筹资

(一)可转换债券的概念

可转换债券是可转换公司债券的简称,是指可以按发行时所附条件进行转换的一种债券,它规定债券持有者可以在将来某一时期,按特定价格及有关条件把债券转换为公司的普通股股票。

(二)可转换债券的特征

(1)固定或逐步提高转换价格;

(2)固定或逐步降低转换比率;

(3)转换期;

(4)可赎回;

(5)回售条款。

(三)可转换债券的价值

可转换债券的特征决定了可转换债券存在三种不同的价值:转换价值、非转换价值和市场价值。

1.转换价值

转换价值是指可转换债券转换成普通股后的价值。

2.非转换价值

可转换债券在持有者不行使转换权时,它同时具有的债券原有本身价值,称为可转换债券的非转换价值。

可转换债券的原有价值是债券本金和利息的现值,即债券本金和利息按投资者所要求的收益率折成的现值,可按下列公式计算:

$$P = \sum_{t=1}^{n} \frac{I_t}{(1+i)^t} + \frac{P_n}{(1+i)^n}$$

式中,P 为债券非转换价值;P_n 为债券到期日本金;I_t 为第 t 年的利息额;n 为可转换债券尚余的年限;i 为投资者所要求的报酬率。

3.市场价值

市场价值又称为市场价格,是指可转换债券在证券市场上交易的价格。

(四)发行可转换债券的优缺点

1.发行可转换债券的优点

(1)资本成本较低;

(2)公司可以获得股票溢价收益。

2.发行可转换债券的缺点

(1)业绩不佳时债券难以转换;

(2)债券低利率的期限不长;

(3)会追加费用。

五、认股权证筹资

认股权证是一种权利证书,表示持有该权利证书的投资者可在一定期限内以特定的认购价格购买规定数量的普通股。

(一)认股权证的基本要素

(1)认购价格;

(2)认股数量;

(3)认购期限;

(4)赎回条款。

(二)认股权证的价值

认股权证有理论价值和市场价格,一般市场价格高于理论价值。

1.理论价值

认股权证的理论价值可以用以下公式计算:

$$理论价值=(普通股市价-认购价格)\times 认购数量$$

2.市场价格

认股权证的市场价格是由市场的供求决定的。

(三)发行认股权证的优缺点

1.发行认股权证的优点

(1)吸引投资者,降低筹资成本;

(2)追加资金来源。

2.发行认股权证的缺点

(1)稀释每股收益,分散股东的控制权;

(2)可能给公司带来损失;

(3)保留债务。

六、债券筹资

债券是社会各类经济主体为筹集负债资金而向投资者出具的,承诺按一定利率定期支付利息,到期偿还本金的债权债务凭证。

(一)债券的基本要素

债券的基本要素包括以下几个方面:

(1)债券的面值;

(2)债券的期限;

(3)债券的利率；

(4)债券的价格。

(二)债券的种类

债券有国家债券、公司(企业)债券和金融债券，这里主要介绍公司债券。公司债券按其标准不同，可以分为不同类型：

(1)按有无抵押担保，分为信用债券、抵押债券和担保债券；

(2)按发行方式分为记名债券和不记名债券；

(3)按偿还方式分为到期一次债券和分期债券；

(4)按有无利息分为有息债券和无息债券；

(5)按计息标准分为固定利率债券和浮动利率债券；

(6)按可否转换分为可转换债券和不可转换债券；

(7)按能否上市分为上市债券和非上市债券；

(8)按其他特征可分为收益公司债券、附认股权债券、附属信用债券等。

(三)债券的发行

1.发行债券的资格与条件

公司发行债券，必须具备《公司法》和《证券法》规定的资格与条件。

(1)发行债券的资格

《公司法》规定，股份有限公司、国有独资公司和两个以上的国有企业或者其他两个以上的国有投资主体投资设立的有限责任公司，有资格发行公司债券。

(2)发行债券的条件

《证券法》第十六条第一款规定，公开发行公司债券，应当符合下列条件：

①股份有限公司的净资产不低于人民币 3 000 万元，有限责任公司的净资产不低于人民币 6 000 万元；

②累计债券余额不超过公司净资产的 40%；

③最近三年平均可分配利润足以支付公司债券一年的利息；

④筹集的资金投向符合国家产业政策；

⑤债券的利率不超过国务院限定的利率水平；

⑥国务院规定的其他条件。

公开发行公司债券筹集的资金，必须用于核准的用途，不得用于弥补亏损和非生产性支出。

上市公司发行可转换为股票的公司债券，除应当符合第一款规定的条件外，还应当符合本法关于公开发行股票的条件，并报国务院证券监督管理机构核准。

2.发行债券的程序

债券发行的基本程序如下：

(1)做出发行债券的决议；

(2)提出发行债券的申请；

(3)公告债券募集办法；

（4）委托证券机构发售；

（5）交付债券，收缴债券款，登记债券存根簿。

（四）债券的发行价格

债券的发行价格是债券发行时使用的价格，即投资者购买债券时所使用的价格。债券发行的价格通常有等价、折价和溢价三种。

在按期付息，到期一次还本，且不考虑发行费用的情况下，债券发行价格的计算公式为

$$债券的发行价格 = \frac{票面金额}{(1+i_1)^n} + \sum_{t=1}^{n} \frac{票面金额 \times i_2}{(1+i_1)^t}$$

$$= 票面金额 \times (P/F, i_1, n) + 票面金额 \times i_2 \times (P/A, i_1, n)$$

式中，n 为债券期限；i_1 为市场利率；i_2 为票面利率。

如果企业发行不计复利、到期一次还本付息的债券，则其发行价格的计算公式为

$$债券发行价格 = 票面金额 \times (1 + i_2 \times n) \times (P/F, i_1, n)$$

（五）债券的还本付息

1.债券的偿还

债券偿还时间按其实际发生与规定的到期日之间的关系，分为到期偿还、提前偿还与滞后偿还三类。

（1）到期偿还。

（2）提前偿还。提前偿还又称为提前赎回或收回，是指在债券尚未到期之前就予以偿还。赎回有三种形式：强制性赎回、选择性赎回和通知性赎回。

（3）滞后偿还。债券在到期日之后偿还称为滞后偿还。这种偿还条款一般在发行时便订立，主要是给持有人延长持有债券的选择权。滞后偿还有转期和转换两种形式。

2.债券的付息

债券的付息主要包括利息率、付息频率和付息方式三个方面内容。

（六）债券筹资的信用等级

公司公开发行债券通常需要由债券评信机构评定信用等级。

国际上流行的债券等级是 3 等 9 级。AAA 级为最高级，AA 级为高级，A 级为上中级；BBB 级为中级，BB 级为中下级，B 级为投机级；CCC 级为完全投机级，CC 级为最大投机级，C 级为最低级。

（七）债券筹资的优缺点

1.债券筹资的优点

（1）资本成本较低；

（2）可利用财务杠杆效应；

（3）保障股东控制权。

2.债券筹资的缺点

（1）财务风险较高；

（2）限制条件多；

(3)筹资数额有限。

七、长期借款

长期借款是企业向银行和其他非银行金融机构借入的期限在一年以上的借款,主要用于购建固定资产和满足长期流动资金占用的需要。

(一)长期借款的种类

(1)按有无担保分为信用借款(无担保借款)和抵押借款(担保借款);

(2)按偿还方式分为一次性偿还借款和分期偿还借款;

(3)按借款的用途分为基本建设借款、专项借款和流动资金借款;

(4)按提供贷款的机构分为政策性银行贷款和商业银行贷款。

(二)长期借款筹资的程序

企业向金融机构借款的程序大致分为以下几个步骤:

(1)企业提出借款申请;

(2)金融机构进行审批;

(3)签订借款合同;

(4)企业取得借款;

(5)借款的归还。

(三)长期借款的偿还方式

长期借款的到期期限和偿还特点因金融机构的不同而异,通常金融机构要求企业按每季度或每半年分期偿还本息,即定期等额偿还借款本息。若不考虑其他限制性条款,可将借款金额视为年金现值,而每期定额偿还的本息视为年金。

(四)长期借款筹资的优缺点

1.长期借款筹资的优点

(1)借款筹资速度快;

(2)借款成本较低;

(3)借款弹性较大;

(4)企业利用借款筹资,与债券一样可以发挥财务杠杆的作用。

2.长期借款筹资的缺点

(1)筹资风险较高;

(2)限制条件较多;

(3)筹资数量有限。

八、短期借款

短期借款是指企业向银行和其他非银行金融机构借入的期限在一年以内的借款。

(一)短期借款的种类

短期借款主要有生产周转借款、临时借款、结算借款等。按照国际通行做法,短期借款还可依偿还方式的不同,分为一次性偿还借款和分期偿还借款;依利息支付方法的不同,分为收款法借款、贴现法借款和加息法借款;依有无担保,分为抵押借款和信用借款。

（二）短期借款的信用条件

根据国际惯例,银行发放贷款时,一般会带有一些信用条款,主要有:

(1)信贷额度;

(2)周转信贷协定;

(3)补偿性余额;

补偿性余额是银行要求借款人在银行中保持按贷款限额或实际借用额的一定百分比(通常为10%~20%)计算的最低存款余额。存在补偿性余额条件下的实际利率计算公式为

$$实际利率 = \frac{名义借款金额 \times 名义利率}{名义借款金额 \times (1-补偿性余额比例)} \times 100\%$$

$$= \frac{名义利率}{1-补偿性余额比例} \times 100\%$$

(4)借款抵押;

(5)偿还条件;

(6)以实际交易为贷款条件。

（三）短期借款利息的支付方式

1.利随本清法

利随本清法又称为收款法,是指在借款到期时向银行支付利息的方法。采用这种方法,借款的名义利率等于实际利率。

2.贴现法

贴现法是指银行向企业发放贷款时,先从本金中扣除利息部分,在贷款到期时贷款企业再偿还全部本金的一种计息方法。贴现法的贷款实际利率计算公式为

$$贴现贷款实际利率 = \frac{利息}{贷款金额-利息} \times 100\%$$

$$= \frac{名义利率}{1-名义利率} \times 100\%$$

（四）短期借款筹资的优缺点

1.短期借款筹资的优点

(1)筹资速度快;

(2)筹资弹性大。

2.短期借款筹资的缺点

(1)筹资风险大;

(2)与其他短期筹资方式相比,资本成本较高,尤其是在补偿性余额和附加利率情况下,实际利率通常高于名义利率。

九、融资租赁

租赁是指出租人在承租人给予一定报酬的条件下,在契约合同规定的期限内,授予承

租人占有和使用财产权利的一种经济行为。

（一）融资租赁的含义

融资租赁又称为财务租赁，是区别于经营租赁的一种长期租赁形式，是指由租赁公司按照承租企业的要求融资购买设备，并在契约或合同规定的较长期限内提供给承租企业使用的信用性业务，它是现代租赁的主要类型。

（二）融资租赁的程序

(1)选择租赁公司；

(2)办理租赁委托；

(3)签订购货协议；

(4)签订租赁合同；

(5)办理验货与投保；

(6)支付租金；

(7)处理租赁期满的设备。

（三）融资租赁的具体形式

(1)直接租赁；

(2)售后租回；

(3)杠杆租赁；

(4)转租赁。

（四）融资租赁与经营租赁的区别

融资租赁与经营租赁的区别有如下几个方面：

(1)租赁程序；

(2)租赁期限；

(3)合同约束；

(4)租赁期满资产的处置；

(5)租赁资产的维修与保养。

（五）融资租赁租金的计算

在租赁筹资方式下，承租企业要按合同规定向租赁公司支付租金。

1.融资租赁租金的构成

融资租赁租金包括设备价款和租息两部分，其中，租息又可分为租赁公司的融资成本、租赁手续费等。

(1)设备价款是租金的主要内容，它由设备的买价、运杂费和途中保险费等构成；

(2)融资成本是指租赁公司为购买租赁设备所筹资金的成本，即设备租赁期间的利息；

(3)租赁手续费包括租赁公司承办租赁设备的营业费用和一定的盈利。租赁手续费的高低一般无固定标准，可由承租企业与租赁公司协商确定。

2.租金的支付方式

租金通常采用分次支付的方式，具体又分为以下几种类型：

(1)按支付时期的长短,可以分为年付、半年付、季付和月付等方式;

(2)按支付时期的先后,可以分为先付租金和后付租金两种方式;

(3)按每期支付的金额,可以分为等额支付和不等额支付两种方式。

3.租金的计算方法

在我国融资租赁业务中,计算租金的方法一般采用等额年金法。等额年金法是利用年金现值的计算公式经变换后计算每期支付租金的方法。

(1)后付租金的计算

承租企业与租赁公司商定的租金支付方式大多为后付等额租金,即普通年金。根据年资本回收额的计算公式,可确定出后付租金方式下每年年末支付租金的数额的计算公式:

$$年租金(A) = \frac{P}{(P/A, i, n)}$$

(2)先付租金的计算

承租企业有时可能会与租赁公司商定,采取先付等额租金的方式支付租金。根据即付年金的现值公式,可得出先付等额租金的计算公式:

$$年租金(A) = \frac{P}{(P/A, i, n-1)+1}$$

(六)融资租赁的优缺点

1.融资租赁的优点

(1)迅速获得所需资产;

(2)租赁筹资限制较少;

(3)免遭设备陈旧过时的风险;

(4)全部租金通常在整个租期内分期支付,可适当降低不能偿付的危险;

(5)租金费用可在所得税前扣除,承租企业能享受税收利益。

2.融资租赁的缺点

(1)成本较高,租金总额通常要高于设备价值的 30%;

(2)承租企业在财务困难时期,支付固定的租金也将构成一项沉重的负担;

(3)不利于改进资产。

十、商业信用

商业信用是指商品交易中以延期付款或预收货款进行购销活动而形成的借贷关系,它是企业之间的一种直接信用行为。

(一)商业信用的形式

利用商业信用融资,主要有以下几种形式:

(1)赊购商品;

(2)预收货款;

(3)商业汇票。

(二)商业信用的条件

商业信用的条件,是指销货人对付款时间和现金折扣所做的具体规定,主要有以下几种形式：

(1)预收货款；

(2)延期付款,但不涉及现金折扣；

(3)延期付款,但提前付款可享受现金折扣。

(三)放弃现金折扣的机会成本

在采用商业信用形式销售产品时,为鼓励购买单位尽早付款,销货单位往往规定一些信用条件,主要包括现金折扣和付款期间两部分内容。

放弃现金折扣的机会成本可按下面公式计算：

$$放弃现金折扣的机会成本 = \frac{现金折扣率}{1-现金折扣率} \times \frac{360}{信用期限-折扣期限} \times 100\%$$

(四)商业信用筹资的优缺点

1.商业信用筹资的优点

(1)筹资方便；

(2)限制条件少；

(3)筹资成本低,甚至不发生筹资成本。

2.商业信用筹资的缺点

(1)商业信用的时间一般较短,尤其是应付账款,时间则更短；

(2)有一定的风险。

工作任务3　资本成本和资本结构

子任务1　资本成本的确定

资本是债权人和所有者提供的,用以进行长期资产投资的长期资金来源,包括利用股票、债券、长期借款、留存收益等方式所筹集的资金。

一、资本成本的概念

资本成本是指资本的价格,资本成本具体包括用资费用和筹资费用两部分。

(一)用资费用

用资费用是指企业在投资、生产经营过程中因使用资金而支付的费用。如向股东支付的股息、向债权人支付的利息等,一般每年都要支付,这是资本成本的主要内容。

(二)筹资费用

筹资费用是指企业在筹集资金过程中,为取得资金而支付的费用。如发行股票或债券的发行费、向银行支付的借款手续费等。筹资费用是在筹资时一次性发生的,而在用资过程中不再发生的费用。

资本成本在财务管理中一般用相对数表示,即表示为年用资费用与实际筹得资金(筹

资总额减去筹资费用)的比率。其计算公式为

$$资本成本 = \frac{年用资费用}{筹资总额 - 筹资费用} \times 100\%$$

$$= \frac{年用资费用}{筹资总额 \times (1 - 筹资费率)} \times 100\%$$

二、个别资本成本的计算

个别资本成本是指使用各种长期资金的成本,主要包括长期借款资本成本、债券资本成本、优先股资本成本、普通股资本成本和留存收益资本成本。

(一)长期借款资本成本

按照国际惯例,债务的利息一般在企业所得税前支付。这样,长期借款就具有了减税作用,减税额为"利息额×所得税税率",所以长期借款实际负担的利息额小于实际支付的利息额,实际负担的利息额为"利息额×(1-所得税税率)"。

不存在筹资费用时,长期借款资本成本的计算公式为

$$K_l = \frac{I \times (1-t)}{L} = \frac{L \times i \times (1-t)}{L} = i \times (1-t)$$

式中,K_l 为长期借款资本成本;L 为长期借款筹资总额;i 为长期借款利息率;t 为所得税税率。

存在筹资费用,并且借款时间比较长时,长期借款资本成本的计算公式为

$$K_l = \frac{i \times (1-t)}{1-f}$$

式中,f 为长期借款筹资费率。

(二)债券资本成本

债券资本成本主要是指债券利息和筹资费用。由于债券利息在税前支付,具有减税作用,其债券利息的处理与长期借款相同。债券的筹资费用一般较高,主要包括申请发行债券的手续费、债券注册费、印刷费等,债券资本成本的计算公式为

$$K_d = \frac{I(1-t)}{P_0(1-f)} = \frac{M \times r \times (1-t)}{P_0(1-f)}$$

式中,K_d 为债券资本成本;M 为债券面值;r 为债券票面利率;P_0 为债券发行总额,即债券的实际发行价格;t 为所得税税率;f 为债券筹资费率。

(三)优先股资本成本

企业发行优先股,既要支付筹资费用,又要定期支付股利。它与债券不同的是股利在税后支付,并且没有固定的到期日。优先股资本成本的计算公式为

$$K_p = \frac{D}{P_0(1-f)}$$

式中,K_p 为优先股资本成本;D 为优先股每年的股利;P_0 为优先股发行总额;f 为优先股筹资费率。

(四)普通股资本成本

普通股资本成本很难预先准确地加以计算。如果公司采用固定的股利增长率政策,

假设固定股利增长率为已知数,普通股资本成本的计算公式为

$$K_s = \frac{D_1}{P_0(1-f)} + g$$

式中,K_s 为普通股资本成本;D_1 为预计公司第一年的股利;P_0 为普通股发行总额;f 为普通股筹资费率;g 为普通股股利增长率。

(五)留存收益资本成本

企业所获利润按规定可留存一定比例的资金,以满足自身资金需要。因留存收益归普通股股东所有,其成本应与普通股相同,只是没有筹资费用。留存收益资本成本的计算公式为

$$K_s = \frac{D_1}{P_0} + g$$

式中,K_s 为留存收益资本成本;D_1 为预计公司第一年的股利;P_0 为普通股发行总额;g 为普通股股利增长率。

三、综合资本成本的计算

综合资本成本,也称为加权平均资本成本,是以各种资金所占的比重为权数,对各种资本成本进行加权平均计算出来的。综合资本成本的计算公式为

$$K_w = \sum_{j=1}^{n} W_j k_j$$

式中,K_w 为综合资本成本,即加权平均资本成本;k_j 为第 j 种个别资本成本;W_j 为第 j 种个别资本占全部资本的比重。

子任务 2　杠杆原理的应用

财务管理中的杠杆系数主要有经营杠杆系数、财务杠杆系数和复合杠杆系数。

一、杠杆原理的相关概念

(一)成本习性

成本习性是指成本总额(y)与业务量(x)之间在数量上的依存关系。成本按习性分类,可分成固定成本、变动成本和混合成本。

1.固定成本。固定成本是指其总额在一定时期和一定业务量(销售量或产量)范围内不随业务量的变化而发生变动的那部分成本。

2.变动成本。变动成本是指其总额在一定时期和一定业务量范围内随业务量成正比例变动的那部分成本。

3.混合成本。有些成本虽然也随业务量的变动而变动,但不成正比例变动,不能简单地归入变动成本或固定成本,这类成本称为混合成本。

(二)总成本习性模型

从以上分析我们知道,成本按习性分为固定成本、变动成本和混合成本三类,但混合

成本又可以按照一定的数学方法分解成变动部分和固定部分。因此,建立总成本习性模型如下:

$$y = a + bx$$

式中,y 为总成本;a 为固定成本;b 为单位变动成本;x 为相关业务量。

(三)边际贡献及其计算

边际贡献是指销售收入减去变动成本后的余额。其计算公式为

$$M = px - bx = (p - b)x = mx$$

式中,M 为边际贡献总额;p 为单价;m 为单位边际贡献。

(四)息税前利润及其计算

息税前利润(简称 $EBIT$)是指支付利息和缴纳所得税前的利润。其计算公式为

$$EBIT = px - bx - a = (p - b)x - a = M - a$$

息税前利润也可以用利润总额加上利息费用求得。

二、经营杠杆与经营风险

(一)经营杠杆

经营杠杆是指固定经营成本对息税前利润的影响。

经营杠杆的作用程度,通常用经营杠杆系数来表示,它是指息税前利润的变动率与产销量变动率的比率。用公式表示为

$$经营杠杆系数(DOL) = \frac{\Delta EBIT / EBIT}{\Delta S / S} = \frac{\Delta EBIT / EBIT}{\Delta Q / Q}$$

式中,$\Delta EBIT$ 为息税前利润的变动额;$EBIT$ 为基期息税前利润;

ΔS 为销售收入的变动额;S 为基期的销售收入;

ΔQ 为产销量的变动数;Q 为基期产销量。

在实际工作中,对上式加以简化得到的公式如下:

$$DOL = \frac{M}{EBIT} = \frac{M}{M - a}$$

(二)经营杠杆与经营风险的关系

引起企业经营风险的主要原因是市场需求和成本等因素的不确定性,经营杠杆本身并不是利润不稳定的根源。但是,经营杠杆扩大了市场和生产等不确定因素对利润变动的影响。经营杠杆系数越大,利润变动越激烈,企业的经营风险就越大。

三、财务杠杆与财务风险

(一)财务杠杆

财务杠杆效应的大小,通常用财务杠杆系数来表示,它是指普通股每股收益的变动率与息税前利润变动率的比率。用公式表示为

$$财务杠杆系数(DFL) = \frac{\Delta EPS/EPS}{\Delta EBIT/EBIT}$$

式中，ΔEPS 为普通股每股收益的变动额；EPS 为基期普通股每股收益。

上述公式在实际工作中，可以简化为

$$DFL = \frac{EBIT}{EBIT - I - \dfrac{d}{(1-t)}}$$

式中，I 为债务利息；d 为优先股股息；t 为所得税税率。

如果企业没有发行优先股，其财务杠杆系数的计算公式可以进一步简化为

$$DFL = \frac{EBIT}{EBIT - I}$$

(二)财务杠杆与财务风险的关系

在资金总额、息税前利润相同的情况下，负债比率越高，财务杠杆系数越大，普通股每股收益波动幅度越大，财务风险就越大；反之，负债比率越低，财务杠杆系数越小，普通股每股收益波动幅度越小，财务风险就越小。

四、复合杠杆与复合风险

(一)复合杠杆

复合杠杆又称为总杠杆，由于固定生产经营成本和固定财务费用的共同存在而导致的每股收益变动率大于产销业务量变动率的杠杆效应，称为复合杠杆效应。

复合杠杆效应的大小用复合杠杆系数(简称 DCL)来衡量，它是经营杠杆与财务杠杆的乘积，是指每股收益变动率与产销业务量变动率的比率。其计算公式为

$$DCL = \frac{\Delta EPS/EPS}{\Delta S/S} = \frac{\Delta EPS/EPS}{\Delta Q/Q}$$

或

$$DCL = DOL \times DFL = \frac{M}{EBIT - I}$$

(二)复合杠杆与复合风险的关系

由于复合杠杆作用使每股收益大幅度波动而造成的风险，称为复合风险。企业复合杠杆系数越大，每股收益的波动幅度越大。在其他因素不变的情况下，复合杠杆系数越大，复合风险越大；反之，复合杠杆系数越小，复合风险越小。

子任务3　资本结构的优化

资本结构理论是西方国家财务理论的重要组成部分之一。研究资本结构理论的意义在于它可以降低企业的综合资本成本，可以获得财务杠杆利益，可以增加企业的价值。

一、资本结构理论

资本结构是指企业各种长期资金筹集来源的构成及其比例关系，它是企业筹资决策中的关键问题。

资本结构理论主要有以下几种：

（一）净利理论

净利理论的基本观点：企业价值不只取决于息税前利润，更取决于由资产盈利能力和资本结构共同决定的归于股东的净利润。

（二）营业净利理论

营业净利理论的基本观点：企业价值仅仅取决于企业资产的获利能力，即息税前利润，而与资本结构无关。也就是说，决定企业价值的是营业净利，而不是净利润。

（三）传统理论

在20世纪50年代，西方大多数财务学者和实际工作者都采用了一种折衷理论，介于净利理论和营业净利理论之间，称为传统理论。

（四）权衡理论

权衡理论是在 MM 理论的基础上产生的，它是指同时考虑负债的减税利益和预期成本或损失，并将利益和成本或损失进行权衡来确定企业价值的理论。权衡理论考虑的因素更为现实，因此其研究结论更符合实际情况。

二、最佳资本结构的确定

资本结构的问题主要是指债务资本的比例问题。负债筹资具有两面性，既可以降低企业的资本成本，又会给企业带来财务风险。因此，在筹资决策时，企业必须权衡财务风险和资本成本的关系，确定最佳资本结构。

（一）息税前利润（EBIT）——每股收益（EPS）分析法

息税前利润（EBIT）——每股收益（EPS）分析法，是指利用每股收益无差别点来进行资本结构决策的方法。每股收益无差别点是指两种筹资方式下普通股每股收益相等时的息税前利润点，也称为息税前利润平衡点或筹资无差别点，简称 EBIT——EPS 分析法。当预期息税前利润大于每股收益无差别点时，负债筹资会增加每股收益；当预期息税前利润小于每股收益无差别点时，权益筹资会增加每股收益。

（二）比较资本成本法

比较资本成本法是计算不同资本结构（或筹资方案）下的加权平均资本成本，并以此为标准相互比较进行资本结构决策。

1.初始资本结构决策

企业对拟定的筹资总额，可以采用多种筹资方式来筹集，同时每种筹资方式的筹资数额也可以有不同安排，由此形成若干个可供选择的资本结构（或筹资方案）。企业可以通过计算比较不同方案的资本成本，对方案进行选择。

2.追加资本结构决策

企业在持续的生产经营过程中，由于扩大业务或对外投资的需要，有时会增加筹集资金，即追加筹资。因追加筹资以及筹资环境的变化，企业原有的资本结构就会发生变化，原定的最佳资本结构未必仍是最优的。因此，企业应在资本结构的不断变化中寻求最佳资本结构,以保持资本结构的最优化。

 能力训练

一、单项选择题

1.在财务管理中,将资金划分为变动资金与不变资金两部分,并据以预测企业未来资金需要量的方法称为(　　)。

A.定性预测法　　　　　　　　　　B.比率预测法

C.资金习性预测法　　　　　　　　D.成本习性预测法

2.企业通过银行借款、发行股票和债券等,从而取得资金的活动称为(　　)。

A.资金筹集　　　　　　　　　　　B.资金运用

C.资金分配　　　　　　　　　　　D.扩大再生产活动

3.(　　)可以为企业筹集短期资金。

A.融资租赁　　　　B.商业信用　　　　C.内部积累　　　　D.发行股票

4.下列筹资方式不存在筹资费用的是(　　)。

A.长期借款　　　　B.融资租赁　　　　C.发行股票　　　　D.留存收益

5.不存在财务杠杆作用的筹资方式是(　　)。

A.长期借款　　　　B.发行优先股　　　C.发行债券　　　　D.发行普通股

6.某企业发行5年期债券,债券面值为1 000元,票面利率为10%,每年付息一次,发行价为1 100元,筹资费率为5%,所得税税率为25%,则该债券的资本成本为(　　)。

A.9.37%　　　　　B.7.18%　　　　　C.7.36%　　　　　D.6.66%

7.企业向银行取得借款100万元,年利率为5%,期限为10年。每年付息一次,到期还本,所得税税率为25%,手续费忽略不计,则该项借款的资本成本为(　　)。

A.3.75%　　　　　B.5%　　　　　　C.4.5%　　　　　　D.3%

8.某公司普通股目前的股价为每股10元,筹资费率为8%,公司最近支付的股利为每股2元,股利固定增长率为5%,则该股票的资本成本为(　　)。

A.22.39%　　　　　B.21.74%　　　　C.24.74%　　　　　D.27.83%

9.某公司普通股目前的股价为每股10元,筹资费率为8%,公司最近支付的股利为每股2元,股利固定增长率为5%,则该公司利用留存收益筹资的资本成本为(　　)。

A.22.39%　　　　　B.26%　　　　　　C.24.74%　　　　　D.27.83%

10.下列选项中,不属于商业信用形式的是(　　)。

A.应付账款　　　　B.应付工资　　　　C.应付票据　　　　D.预收账款

11.某企业2017年的销售额为1 000万元,变动成本为600万元,固定经营成本为200万元,则2017年的经营杠杆系数为(　　)。

A.2　　　　　　　　B.3　　　　　　　　C.4　　　　　　　　D.无法计算

12.如果企业的资金来源全部为自有资金,且没有优先股存在,则企业财务杠杆系数(　　)。

A.等于0　　　　　　B.等于1　　　　　　C.大于1　　　　　　D.小于1

13.某企业 2017 年的销售额为 1 000 万元,变动成本 600 万元,固定经营成本 200 万元,利息费用为 10 万元,假设没有融资租赁和优先股,预计 2018 年息税前利润增长率为 10%,则 2018 年的每股利润增长率为(　　)。

　　A.10%　　　　　　B.10.5%　　　　　　C.15%　　　　　　D.12%

14.某企业销售收入为 800 万元,变动成本率为 40%,经营杠杆系数为 2,总杠杆系数为 3。假设固定成本增加 80 万元,其他条件不变,企业没有融资租赁和优先股,则总杠杆系数变为(　　)。

　　A.3　　　　　　　B.4　　　　　　　　C.5　　　　　　　D.6

15.在其他条件不变的情况下,借入资金的比例越大,财务风险(　　)。

　　A.越大　　　　　　B.不变　　　　　　C.越小　　　　　　D.无法确定

16.经营杠杆效应产生的原因主要是(　　)。

　　A.不变的经营性固定成本　　　　　　B.不变的产销量

　　C.不变的债务利息　　　　　　　　　D.不变的产品售价

17.债券的资本成本一般低于普通股的资本成本,其主要原因是(　　)。

　　A.债券的筹资费用少　　　　　　　　B.债券利息在所得税前支付

　　C.债券的利率固定　　　　　　　　　D.债券的发行量大

18.当经营杠杆系数是 2 时,财务杠杆系数是 1.5,则复合杠杆系数是(　　)。

　　A.5.5　　　　　　B.3　　　　　　　　C.3.5　　　　　　D.1.33

19.企业在下述几种筹资方式中,资本成本最高的筹资方式是(　　)。

　　A.发行债券　　　　B.银行借款　　　　C.发行普通股　　　D.商业信用

20.某企业增发普通股的市场价格为 10 元/股,筹资费率为市场价格的 5%,最近一年股利为 0.2 元/股,已知该股票的资本成本为 13%,则该股票的股利年增长率为(　　)。

　　A.5%　　　　　　B.2%　　　　　　　C.13%　　　　　　D.10.89%

21.企业吸收的工业产权、非专利技术作价出资的金额不得超过公司注册资本的(　　)。

　　A.15%　　　　　　B.70%　　　　　　C.25%　　　　　　D.30%

22.采用吸收直接投资方式筹措资金的优点在于(　　)。

　　A.有利于降低资本成本　　　　　　　B.有利于集中企业控制权

　　C.有利于降低财务风险　　　　　　　D.有利于发挥财务杠杆作用

23.《公司法》规定,发行公司流通在外的债券累计总额不得超过公司净资产的(　　)。

　　A.60%　　　　　　B.30%　　　　　　C.50%　　　　　　D.40%

24.募集设立股份有限公司,由发起人认购的股份不得少于公司股份总数的(　　)。

　　A.15%　　　　　　B.20%　　　　　　C.25%　　　　　　D.35%

25.下列选项中,属于权益性资本的筹集方式是(　　)。

　　A.可转换债券　　　B.发行债券　　　　C.长期借款　　　　D.商业信用

26.采用公开间接方式发行股票的好处不包括(　　)。

　　A.发行范围广,发行对象多　　　　　　　B.变现性强,流通性好

　　C.弹性较大,发行成本低　　　　　　　　D.提高发行公司的知名度

27.企业发行认股权证的优点是(　　)。

　　A.增加筹资成本　　　　　　　　　　　　B.减少公司债务

　　C.保证股东控制权　　　　　　　　　　　D.降低筹资成本

28.《公司法》规定,股票不得(　　)。

　　A.溢价发行　　　　　　　　　　　　　　B.折价发行

　　C.平价发行　　　　　　　　　　　　　　D.市价发行

29.股份有限公司申请其股票上市,公司股本总额超过人民币4亿元的,其向社会公开发行股份的比例为(　　)。

　　A.15%　　　　　　B.20%　　　　　　C.10%　　　　　　D.35%

30.普通股和优先股筹资方式共有的缺点是(　　)。

　　A.财务风险大　　　　　　　　　　　　　B.筹资成本高

　　C.容易分散控制权　　　　　　　　　　　D.筹资限制多

31.A公司发行的面值为1 000元、可转换为100股普通股的可转换债券,当A公司普通股价格为15元时,该债券的转换价值为(　　)元。

　　A.1 000　　　　　　B.1 200　　　　　　C.1 500　　　　　　D.1 800

32.A公司发行3年期、面值为1 000元、年利率为10%、每年年末付息的可转换债券,假设投资者要求的收益率为8%,则其非转换价值为(　　)元。

　　A.1 000　　　　　　B.1 058.3　　　　　　C.1 049.2　　　　　　D.1 051.7

33.下列选项中,不属于权益性资本筹集方式的是(　　)。

　　A.发行普通股　　　　　　　　　　　　　B.发行优先股

　　C.发行债券　　　　　　　　　　　　　　D.发行可转换债券

34.下列选项中,与认股权证的理论价值反向变动的因素是(　　)。

　　A.换股比率　　　　　B.普通股市价　　　　　C.认购价　　　　　D.剩余有效期间

35.某公司发行认股权证筹资,每张认股权证可按10元/股的价格认购2股普通股,假设股票的市价是12元/股,则认股权证的理论价值是(　　)元。

　　A.10　　　　　　B.14　　　　　　C.5　　　　　　D.4

36.在计算优先股资本成本时,不需要考虑的因素是(　　)。

　　A.发行优先股总额　　　　　　　　　　　B.优先股筹资费率

　　C.优先股的优先权　　　　　　　　　　　D.优先股每年的股利

37.企业发行普通股筹资的优点是(　　)。

　　A.筹资风险小　　　　　　　　　　　　　B.财务风险大

　　C.资本成本低　　　　　　　　　　　　　D.保证股东控制权

38.下列选项中,属于优先股的优先权的是(　　)。

　　A.优先配股权　　　　　　　　　　　　　B.优先分配固定的股利

　　C.优先经营管理权　　　　　　　　　　　D.优先转让权

39.在下列各种筹资方式中,能够引起企业自有资金增加的筹资方式为( )。

A.吸收直接投资 　　　　　　　　　B.商业信用

C.发行债券 　　　　　　　　　　　D.盈余公积转增资本

40.企业发行可转换债券筹资的优点是( )。

A.资本成本较低 　　　　　　　　　B.有经营管理权

C.限制条件少 　　　　　　　　　　D.筹资速度快

41.某企业与银行商定的周转信贷额为800万元,年利率为2%,承诺费率为0.5%,年度内企业使用了500万元,平均使用10个月,则企业本年度应向银行支付的承诺费为( )万元。

A.1.5 　　　　　　　　　　　　　B.172

C.1.92 　　　　　　　　　　　　　D.2.02

42.某企业向银行借款100万元,企业要求按照借款总额的10%保留补偿性余额,并要求按照贴现法支付利息,借款的利率为6%,则借款实际利率为( )。

A.7.14% 　　　　　　　　　　　　B.8.14%

C.6% 　　　　　　　　　　　　　　D.7%

43.与其他负债资金筹集方式相比,下列选项中,属于融资租赁缺点的是( )。

A.资本成本较高 　　　　　　　　　B.财务风险大

C.税收负担重 　　　　　　　　　　D.筹资速度慢

44.下列选项中,不属于利用商业信用筹资方式的是( )。

A.赊购商品 　　　　　　　　　　　B.预收货款

C.短期借款 　　　　　　　　　　　D.商业汇票

45.相对于股票筹资而言,银行借款的缺点是( )。

A.筹资速度慢 　　　　　　　　　　B.筹资成本高

C.筹资限制少 　　　　　　　　　　D.财务风险大

46.下列选项中,不属于融资租赁租金构成项目的是( )。

A.租赁设备的价款 　　　　　　　　B.租赁期间利息

C.租赁手续费 　　　　　　　　　　D.租赁设备维护费

47.与短期借款筹资相比,短期融资券筹资的特点是( )。

A.筹资风险比较小 　　　　　　　　B.筹资弹性比较大

C.筹资条件比较严格 　　　　　　　D.筹资条件比较宽松

48.某公司拟发行面值为1 000元、不计复利、5年后一次还本付息、票面利率为10%的债券。已知发行时资金市场的年利率为12%,$(P/F,10\%,5)=0.620\ 9$,$(P/F,12\%,5)=0.567\ 4$,则该公司债券的发行价格为( )元。

A.851.10 　　　　B.907.84 　　　　C.931.35 　　　　D.993.44

49.相对于发行股票而言,发行公司债券筹资的优点为( )。

A.筹资风险小 　　　　　　　　　　B.限制条款少

C.筹资额度大 　　　　　　　　　　D.资本成本低

50.相对于发行债券和利用银行借款购买设备而言,通过融资租赁方式取得设备的主要缺点是(   )。

A.限制条款多   B.筹资速度慢   C.资本成本高   D.财务风险大

51.下列各项资金,可以利用商业信用方式筹措的是(   )。

A.国家财政资金   B.银行信贷资金

C.其他企业资金   D.企业自留资金

52.相对于股票筹资而言,融资租赁筹资的主要缺点是(   )。

A.筹资速度较慢   B.融资成本较高

C.到期还本负担重   D.筹资风险较小

53.下列选项中,不属于信用条件构成要素的是(   )。

A.信用期限   B.现金折扣(率)

C.现金折扣期   D.商业折扣

54.某企业拟以"2/20,N/40"的信用条件购进原料一批,则企业放弃现金折扣的机会成本率为(   )。

A.2%   B.36.73%   C.18%   D.36%

55.秦淮公司按年利率8%向中国工商银行借款600万元,期限为3年,银行要求其保持贷款总额20%的补偿性余额,不按复利计算,该公司实际负担的年利率为(   )。

A.12%   B.8%   C.10%   D.6.67%

56.属于"自然性筹资",可以随着商品购销行为的产生而获得该项资金的筹资方式是(   )。

A.商业信用   B.吸收直接投资

C.融资租赁   D.银行借款

57.短期借款筹资的缺点是(   )。

A.筹资速度快   B.资本成本高

C.筹资风险大   D.筹资弹性小

58.金利公司赊销业务的信用条件是:10日内付款,给予2%的现金折扣,45日内全部付清。这一信用条件可表示为(   )。

A."N/45,2/10"   B."2/10,N/45"

C."10/2,N/45"   D."10/2,45/N"

59.短期融资券筹资的优点是(   )。

A.提高企业的信誉和知名度   B.风险小

C.弹性大   D.速度快

60.百乐公司发行了为期90天的短期融资券,票面利率为12%,该短期融资券的成本率为(   )。

A.3%   B.4%   C.12%   D.12.4%

61.留存收益资本成本的测算方法与(   )基本相同,只是不考虑筹资费用。

A.长期借款   B.发行债券

C.优先股   D.普通股

62.兴隆公司拟发行3年期、年利率为9%、面额为100元的债券;预计发行价格为90元,发行费用率为4%;公司所得税税率为25%;兴隆公司发行此债券的资本成本为(　　)。

A.7.81% B.7.5% C.10.42% D.9%

63.临时性负债只融通部分临时性短期资产的资金需要,另一部分临时性流动资产和永久性短期资产,则由长期负债、自发性负债和权益资本作为资金来源,这种筹资政策是(　　)。

A.稳定型筹资政策 B.配合型筹资政策

C.激进型筹资政策 D.稳健型筹资政策

64.当预计的$EBIT$小于每股收益无差别点时,(　　)方式筹资更有利。

A.负债 B.权益 C.负债或权益 D.无法确定

65.百利公司按"1/10,N/30"的信用条件购入价值50 000元的原材料,公司选择在第30天支付货款,该公司商业信用资本成本为(　　)。

A.10% B.18.18% C.36.36% D.20%

66.宏远公司发行了为期120天的短期融资券,票面利率为15%,该短期融资券的成本为(　　)。

A.17.65% B.17.59% C.15% D.5%

67.兴旺公司的经营杠杆系数为1.2,财务杠杆系数为1.5。该公司的总杠杆系数为(　　)。

A.1.5 B.1.2 C.1.8 D.2.7

68.债券筹资的优点不包括(　　)。

A.成本低 B.能够发挥财务杠杆的作用

C.能够保障股东控制权 D.债券筹资没有数量限制

二、多项选择题

1.成本按习性分类可分为(　　)。

A.固定成本 B.变动成本 C.机会成本 D.混合成本

2.按所筹集资金性质不同,资金可分为(　　)。

A.长期资金 B.短期资金 C.自有资金 D.负债资金

3.企业自有资金的筹集方式有(　　)。

A.发行股票 B.吸收直接投资

C.发行债券 D.留存收益

4.下列关于资本成本的叙述,正确的有(　　)。

A.资本成本是企业为筹集和使用资金而付出的代价

B.资本成本是企业筹资决策中要考虑的重要因素

C.资本成本主要以资本成本率来衡量

D.资本成本可以视为使用资金的机会成本

5.采用销售百分比法预测对外筹资需要量时,对外筹资需要量受到(　　)因素的影响。

A.销售收入增长率 B.资产利用率

C.股利支付率   D.销售净利率

6.资本成本包括用资费用和筹资费用两部分,属于用资费用的有(　　)。

A.向股东支付的股利   B.向债权人支付的利息

C.借款手续费   D.债券发行费

7.在计算个别资本成本时,需要考虑所得税抵减作用的筹资方式的有(　　)。

A.银行借款   B.发行债券

C.优先股   D.普通股

8.通常所说的企业风险包括(　　)。

A.经营风险   B.破产风险   C.财务风险   D.复合风险

9.经营杠杆系数可以用(　　)公式来计算。

$$A.\frac{\Delta EBIT/EBIT}{\Delta S/S} \qquad B.\frac{\Delta EBIT/EBIT}{\Delta Q/Q} \qquad C.\frac{M}{EBIT} \qquad D.\frac{M}{M-a}$$

10.最佳资本结构是指(　　)的资本结构。

A.企业价值最大   B.加权平均资本成本最低

C.每股收益最大   D.净资产值最大

11.下列筹资活动会加大财务杠杆作用的有(　　)。

A.发行普通股   B.留存收益

C.发行债券   D.银行借款

12.在进行企业资金结构决策时,(　　)。

A.如果企业的销售情况平稳,则可较多地筹措负债资金

B.为了保证原有股东的控制权,应尽量避免普通股筹资

C.若预计未来市场利率上升,则企业应尽量利用短期负债筹资

D.所得税税率越高,税收挡板作用越强,负债融资成本越低

13.影响财务杠杆系数的因素主要有(　　)。

A.息税前利润   B.企业利息

C.优先股股利   D.固定成本

14.筹资费用是指企业为筹集资金付出的代价,下列属于筹资费用的有(　　)。

A.股票、债券发行费   B.股票、债券印刷费

C.债券利息   D.银行贷款手续费

15.利用每股收益无差别点进行企业资本结构决策时,(　　)。

A.当预计息税前利润高于每股收益无差别点时,采用权益筹资方式较负债筹资方式
有利

B.当预计息税前利润高于每股收益无差别点时,采用负债筹资方式较权益筹资方式
有利

C.当预计息税前利润低于每股收益无差别点时,采用权益筹资方式较负债筹资方式有利

D.当预计息税前利润等于每股收益无差别点时,两种筹资方式下的每股收益相同

16.按投资者的出资形式分类,吸收直接投资分为(　　)。

A.现金投资   B.实物投资

C.股票投资　　　　　　　　　　　D.无形资产投资

17.股票的销售方式有（　　　）。

A.自销方式　　　　B.现销方式　　　　C.代销方式　　　　D.包销方式

18.《公司法》规定，股票发行可以采用（　　　）方式。

A.公开间接发行　　　　　　　　　B.设立发行

C.不公开直接发行　　　　　　　　D.增资发行

19.股票的发行价格一般有（　　　）。

A.等价发行　　　　B.中间价发行　　　　C.折价发行　　　　D.市价发行

20.股票上市的好处包括（　　　）。

A.利用股票收购其他公司　　　　　B.利用股票可激励职员

C.提高公司知名度　　　　　　　　D.增强经理人员操作的自由度

21.普通股筹资的缺点有（　　　）。

A.资本成本比较高　　　　　　　　B.可能会分散股东的控制权

C.可能会导致股价下跌　　　　　　D.筹资风险比较小

22.企业发行优先股的动机包括（　　　）。

A.防止股权分散化　　　　　　　　B.调整现金余缺

C.改善公司的资本结构　　　　　　D.维持举债能力

23.优先股较普通股所具有的优先权利体现在（　　　）。

A.优先分配股利　　　　　　　　　B.优先表决权

C.优先分配剩余财产　　　　　　　D.优先转换为普通股

24.企业发行可转换债券的优点有（　　　）。

A.扩大融资渠道　　　　　　　　　B.资本成本比较低

C.公司可以获得股票溢价利益　　　D.保留原有债务

25.认股权证的基本要素包括（　　　）。

A.认购数量　　　　　　　　　　　B.认购价格

C.认购期限　　　　　　　　　　　D.赎回条款

26.普通股筹资的特点有（　　　）。

A.拥有经营管理权　　　　　　　　B.拥有盈利分配权

C.拥有优先认股权　　　　　　　　D.拥有优先分配剩余财产权

27.企业权益性筹资方式有（　　　）。

A.吸收直接投资　　　　　　　　　B.银行借款

C.商业信用　　　　　　　　　　　D.发行普通股

28.普通股的资本成本高于债券资本成本的原因有（　　　）。

A.普通股股利在所得税后支付，无抵税效应

B.普通股筹资数量小于债券筹资数量

C.普通股股票筹资费用高

D.普通股股东投资风险大于债券持有人的投资风险

29.吸收直接投资的缺点包括( )。

A.资本成本较高

B.筹资速度慢

C.有时产权关系不够明确,不便于产权交易

D.财务风险较大

30."吸收直接投资"和"发行普通股"两种权益筹资方式所共有的优点有( )。

A.增强企业信誉 B.财务风险大

C.容易分散控制权 D.资本成本高

31.企业在负债筹资决策中,除了考虑资本成本因素外,还需要考虑的因素有( )。

A.财务风险 B.偿还期限

C.偿还方式 D.限制条件

32.下列选项中,属于负债筹资方式的有( )。

A.发行债券 B.商业信用

C.银行借款 D.发行可转换债券

33.银行借款按照是否需要担保分为( )。

A.信用借款 B.直接借款 C.担保借款 D.票据贴现

34.银行借款筹资的优点包括( )。

A.筹资速度快 B.筹资成本低 C.限制条款少 D.借款弹性好

35.债券与股票的区别在于( )。

A.债券是债务凭证,股票是所有权凭证

B.债券的投资风险大,股票的投资风险小

C.债券的收入一般是固定的,股票的收入一般是不固定的

D.股票在公司剩余财产分配中优先于债券

36.按照有无抵押担保可将债券分为( )。

A.收益债券 B.信用债券 C.抵押债券 D.担保债券

37.对承租企业而言,融资租赁是一种特殊的筹资方式,融资租赁筹资的优点包括( )。

A.限制条件较少

B.成本较低

C.能够迅速获得所需资产

D.租金允许在所得税前扣除,承租企业享受节税利益

38.决定债券发行价格的因素有( )。

A.债券面值 B.债券利率 C.市场利率 D.债券到期日

39.下列情形中,会导致借款的实际利率高于名义利率的有( )。

A.要求保留有补偿性余额 B.要求定期等额偿还的贷款

C.利随本清法贷款 D.贴现法的贷款

40.按照《公司法》的规定,债券的发行价格有( )。

A.等价发行 B.溢价发行 C.折价发行 D.现价发行

41.下列选项中,属于负债筹资方式的有( )。

A.长期借款　　　　B.融资租赁　　　　C.留存收益　　　　D.发行债券

42.发行短期融资券筹资的缺点有( )。

A.风险较大　　　　B.弹性比较小　　　　C.条件比较严格　　　　D.筹资成本较高

43.以杠杆租赁方式进行融资租赁,要涉及的当事人有( )。

A.承租人　　　　B.出租人　　　　C.资金出借人　　　　D.中介组织

44.企业负债资金的筹集方式有( )。

A.短期融资券　　　　B.发行优先股　　　　C.融资租赁　　　　D.商业信用

45.在计算个别资本成本时,有税收挡板效应的筹资方式有( )。

A.普通股

B.发行债券

C.吸收直接投资

D.长期借款

46.长期筹资必须遵循的原则有( )。

A.合法性原则　　　　B.合理性原则　　　　C.效益性原则　　　　D.及时性原则

47.企业长期筹资的渠道主要有( )。

A.政府财政资本

B.非银行金融机构资本

C.其他法人资本

D.企业内部资本

48.吸收直接投资的优点包括( )。

A.能提高企业的资信和借款能力

B.能尽快地形成生产经营能力

C.财务风险较低

D.通常资本成本较低

49.融资租赁的具体形式有( )。

A.直接租赁　　　　B.售后租回　　　　C.杠杆租赁　　　　D.转租赁

50.根据国际惯例,银行发放贷款时,一般会有一些信用条款,主要有( )。

A.信贷额度

B.周转信贷协定

C.现金折扣

D.补偿性余额

三、判断题

1.当企业个别资本成本一定的时候,综合资本成本的高低取决于资金总额。( )

2.按照资金与产销量之间的依存关系,可以把资金区分为不变资金、变动资金和半变动资金,其中原材料的保险储备属于不变资金。( )

3.资本成本是投资者对投入资金所要求的最低收益率,也可作为判断投资项目是否可行的取舍标准。( )

4.资本成本计算的正确与否,是影响筹资决策的主要因素,但不会影响企业的投资决策。( )

5.企业采用借入资金的方式筹资比采用自有资金方式筹资付出的资本成本低,但承担的风险大。( )

6.在所有资金来源中,一般来说,普通股的资本成本最高。( )

7.某企业发行股利固定增长的普通股,市价为10元/股,预计第一年的股利为2元/股,筹资费用率为4%,已知该股票资本成本为23.83%,则股利的年增长率为2.5%。( )

8.留存收益是企业经营过程中形成的积累资金,不是向外界筹措的,因而它不存在资

本成本。　　　　　　　　　　　　　　　　　　　　　　　　（　　）

9.营业净利理论认为负债程度越高,企业价值越大。　　　　（　　）

10.企业负债比例越高,财务杠杆系数越大,财务风险也就越大。（　　）

11.股票面值的主要功能是表明在股份有限公司中股东对每股股票所负有限责任的最高限额。　　　　　　　　　　　　　　　　　　　（　　）

12.优先股的成本一般低于普通股,但高于债券。　　　　　　（　　）

13.优先认股权是优先股股东的优先权。　　　　　　　　　　（　　）

14.发行优先股,既可以筹集生产经营所需资金,又不分散企业的控制权。（　　）

15.为保证少数股东对企业的绝对控制权,一般倾向于采用负债方式筹集资金,而尽量避免发行普通股。　　　　　　　　　　　　　　（　　）

16.股票的发行,实行公开、公平、公正的原则,必须同股同权、同股同利。（　　）

17.某股份有限公司申请上市,如果公司的股本总额是 4.5 亿元,则向社会公开发行股份达到股份总数的 25% 才符合条件。　　　　　　　　（　　）

18.认股权证的实际价值最低限为理论价值。　　　　　　　　（　　）

19.在以贴现利率的方式贷款时,借款人的实际利率不会高于名义利率。（　　）

20.可转换债券和普通债券相比,一般利率较低并且限制条件不是很苛刻。（　　）

21.一般情况下,发行信用债券的企业不得将财产抵押给其他债权人。（　　）

22.补偿性余额的约束有助于降低银行贷款风险,但同时也减少了企业实际可动用借款额,提高了借款的实际利率。　　　　　　　　　　（　　）

23.吸收直接投资是非股份制企业筹集股权资本的基本方式。　（　　）

24.信贷额度是银行从法律上承诺向企业提供不超过某一最高限额的贷款协定。
　　　　　　　　　　　　　　　　　　　　　　　　　　　（　　）

25.抵押借款由于有抵押品担保,所以其资本成本往往较非抵押借款低。（　　）

26.企业在利用商业信用筹资时,如果企业不放弃现金折扣,则不会发生筹资成本。
　　　　　　　　　　　　　　　　　　　　　　　　　　　（　　）

27.在债券的票面金额、票面利率和期限一定的情况下,发行价格因市场利率不同而有所不同。　　　　　　　　　　　　　　　　　　　（　　）

28.融资租赁方式筹资成本较高,租金总额通常要高于设备价值的 30%。（　　）

29.发行信用债券的限制条件中最重要的是反抵押条款。　　　（　　）

30.企业发行浮动利率债券的目的是对付通货膨胀。　　　　　（　　）

31.优先股一般有固定的到期日,但不用偿付本金。　　　　　（　　）

32.《证券法》规定,发行公司流通在外的债券累计总额不得超过公司净资产的 50%。
　　　　　　　　　　　　　　　　　　　　　　　　　　　（　　）

33.《公司法》规定,股票发行价格可以等于票面金额,也可以超过票面金额,但不得低于票面金额。　　　　　　　　　　　　　　　　　　　（　　）

34.如果没有现金折扣,或者公司不放弃现金折扣,则利用商业信用筹资不会发生筹资成本。　　　　　　　　　　　　　　　　　　　　（　　）

35.优先股的资本成本虽低于普通股,但一般高于债券。　　　（　　）

36.企业吸收的工业产权、非专利技术作价出资的金额不得超过公司注册资本的百分之五十。 （　　）

37.股份制企业能够采取吸收直接投资方式筹集所需资金。 （　　）

38.当公司增资发行普通股时，新股东会相应加入公司，因此会稀释原有股东的参与权和控制权。 （　　）

39.筹资活动是企业资金运动的首要环节，也是企业财务管理的重要内容。 （　　）

40.《公司法》规定，公司向发起人、国家授权投资的机构、法人发行的股票，应为记名股票。 （　　）

四、计算题

1.胜源公司发行债券，总额为1 000万元，票面利率为6%，按面值发行，发行费用占债券总额的3%，公司所得税税率为25%，计算该债券的资本成本是多少。

2.宏基公司共有资金5 000万元，其中银行借款100万元，长期债券500万元，普通股4 000万元，留存收益400万元，以上四种资金的资本成本分别为6%、7%、12%、10%。

要求：计算宏基公司的综合资本成本。

3.百华公司在筹资过程中通常采用多种筹资方式，公司所得税税率为25%，该公司本年进行了以下筹资行为：

（1）取得5年期借款100万元，年利率为6%，每年付息一次，到期一次还本，筹资费率为1%。

（2）发行3年期的债券，票面面值为1 000万元，票面利率为8%，每年付息一次，发行价为1 200万元，发行费用率为3%。

（3）按面值发行100万元的优先股股票，筹资费率为2%，优先股年股利支付率为10%。

（4）发行普通股600万股，发行价格为每股10元，筹资费率为5%，第一年年末每股发放股利2元，预计未来股利每年增长率为4%。

（5）百华公司本年利用留存收益600万元。

要求：请你为百华公司计算各种筹资方式的个别资本成本和综合资本成本。

4.海成公司当前销售量为10 000件，单价为50元/件，单位变动成本为20元/件，固定成本为200 000元，EBIT为100 000元，预计下年度的销售量为12 000件（即增长20%），固定成本保持不变。下年度预测需要资金400 000元。假设有两种筹资方案可供选择，方案A：发行40 000股普通股，每股面值10元；方案B：采用负债筹资，利率为8%，所得税税率为25%，预计下年度EBIT也同比增长20%。

要求：

（1）计算该公司的经营杠杆系数。

（2）计算该公司不同筹资方案的财务杠杆系数。

（3）计算该公司复合杠杆系数，并进行简单分析。

5.百利公司现有普通股1 000万股，股本总额为10 000万元，公司债券为6 000万元，债券年利率为6%。公司拟扩大筹资规模，有两个备选方案：一是增发普通股50万股，每股发行价格20元；二是平价发行公司债券1 000万元，债券票面利率为8%。已知企业所得税税率为 25%,预计息税前利润为 4 000 万元。

要求:用 $EBIT—EPS$ 分析法做出择优决策。

6.金利公司发行期限为 5 年、年利率为 10%、面值为 1 000 元的可转换债券。发行契约中规定,债券持有人可在债券到期日前按每股 10 元的价格转换为公司的普通股股票。请你为金利公司计算该债券在以下两种情况下的市场价格。

(1)投资者要求的债券收益率为 12%,公司股票价格为 9 元/股。

(2)投资者要求的债券收益率为 14%,公司股票价格为 11 元/股。

7.恒山钢材股份有限公司发行附有认股权证的债券,每 1 000 元债券附有一张认股权证,每张认股权证在 2018 年 12 月 31 日之前使用,可以以每股 20 元的价格购买 5 股该公司的普通股股票。假设恒山钢材股份有限公司普通股市价为 25 元/股,则认股权证的理论价值是多少?

8.胜利客车厂发行 5 年期、面值为 1 000 元、年利率为 5%、每年年末付息一次的可转换债券,如果投资者要求的报酬率为 8%,其非转换价值是多少?

9.昌盛公司向中国银行申请一笔借款,年利率为 6%,借款总额为 500 万元,银行要求补偿性余额比例为 20%。

要求:计算昌盛公司此笔借款的实际利率。

10.三利公司拟平价发行面值为 1 000 元、不计复利、3 年后一次还本付息、票面利率为 8%的债券,发行面值总额为 10 000 万元,假如发行时资金市场的年利率为 10%。

要求:计算三利公司债券的发行价格。

11.鸿发公司采用融资租赁的方式于 2017 年 10 月 1 日融资租入一台设备,设备价款为 60 000 元,租期为 10 年,到期后设备归鸿发公司所有,租赁双方商定采用的折现率为 20%,计算并回答下列问题:

(1)租赁双方商定采用的折现率为 20%,计算每年年末等额支付的租金额。

(2)租赁双方商定采用的折现率为 18%,计算每年年初等额支付的租金额。

(3)如果鸿发公司的资本成本为 16%,说明哪一种支付方式对其有利。

12.前进股份有限公司拟发行面值为 1 000 元、期限为 3 年、票面利率为 10%、每年付息一次、3 年后到期还本的债券,发行面值总额为 5 000 万元,假如发行时资金市场的年利率为 8%。

要求:请你计算前进股份有限公司债券的发行价格。

13.隆盛股份有限公司 2017 年年末长期资本总额为 8 000 万元,其中普通股 4 800 万股,每股面值 1 元,长期债务 3 200 万元,年利率为 10%。企业所得税税率为 25%,2018 年公司准备新上一个投资项目,需追加投资 2 000 万元,有两种筹资方案可供选择:方案一为增发普通股,预计每股发行价格为 5 元;方案二为增加长期借款 2 000 万元,年利率为 12%。假定该项目投产后,2018 年公司息税前利润为 4 160 万元。

要求:

(1)计算方案一增发普通股的股数和 2018 年公司的长期债务利息。

(2)计算方案二 2018 年公司的债务利息总额。

(3)运用每股收益分析法,为隆盛股份有限公司做出筹资决策。

(4)计算你所选择筹资方式的每股收益。

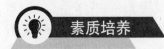
素质培养

【案例分析1】

华润创业　零成本筹资

东方汽车制造公司急需 1 亿元的资金用于技术改造项目。为此,财务总监认为:"目前公司全部资金总额为 10 亿元,其中自有资金为 4 亿元,借入资金为 6 亿元,负债比率为60%。如果再利用债券筹集 1 亿元资金,负债比率将达到 64%,显然负债比率过高,财务风险太大,所以,不能利用债券筹资,只能靠发行普通股股票或优先股股票筹集资金。"

金融顾问认为:"目前我国金融市场还不完善,一级市场刚刚建立,二级市场尚在萌芽阶段,要发行 1 亿元普通股股票十分困难,发行优先股还可以考虑。但根据目前的利率水平和市场状况,发行时年股息率不能低于 16.5%,否则无法发行。如果发行债券,因要定期付息还本,投资者的风险较小,估计以 12% 的年利息率便可以顺利发行。"

财务顾问认为:"以 16.5% 的股息率发行优先股不可行,因为发行优先股所花费的筹资费用较多,把筹资费用加上以后,预计利用优先股筹集资金的资本成本将达到 19%,这将高出公司税后资金利润率 18%,所以不可行。但若发行债券,由于利息可在税前支付,实际成本在 9% 左右。目前正处于通货膨胀时期,利息率较高,这时不宜发行较长时期的具有固定负担的债券或优先股,因为这样做会长期负担较高的利息或股息。所以,应首先向银行申请 1 亿元的技术改造贷款,期限为 1 年,1 年以后,再以较低的股息率发行优先股股票来替换技术改造贷款。"

请思考:

(1)你认为总经理最后应选择何种筹资方式?

(2)本案例对你有哪些启示?

【案例分析2】

华润创业——零成本筹资

2004 年 5 月 10 日,华润创业宣布以零票面利率发行 2 亿美元的可转换债券,于 2006年到期,换股价为 15 元/股(按照 5 月 9 日报收价 12.70 元/股计算,有 18.1% 的溢价)。到期时如果持有人没有兑换,公司将以本金的 121.8% 的价格赎回,相当于到期利息率为每年3.84%。当时,市场认购情况非常好,一天之内全部发行完毕。承销商有权在 7 月份根据情况再追加发行 3 000 万美元。华润创业实现零成本筹资:票面利息为零,每年没有利息负担;5 年后虽然有义务按照高于票面金额的 21.8% 赎回,但是估计大部分已经转股,即使有个别未转,也只相当于付出年息3.84%的微小成本。它的成功之处在于充分利用投资者对公司未来发展的良好预期,运用可转债工具达到低成本筹资的目的,可转债工具筹资的好处是不会近期摊薄原股东的利益,利用公司的未来成长(反映在股价增长中)吸引投资者购买可转换债券,日后在资本市场上实现资本的增值。而低成本筹资使他们有实力向母公司或其他公司收购盈利能力强的资产,提高核心竞争力。

红筹国企在资本市场屡出高招,以低成本筹资、套现,使国有资产不但保值,而且增值,其中重要的客观原因是他们处在高度国际化的香港资本市场,拥有多样化的金融工具得以运作,而且把握住了红筹国企股在2004第二季度的上升行情。华润创业的零利率可转换债券可以发行出去,是因为投资者认为企业的增长前景使股价未来超过15元/股的可能性较大;华润企业可以按照市场价格配售股份是因为投资者看好企业的发展和认同大股东减持以增加市场流通性的做法。如果企业没有未来增长前景,金融工具就不可能在市场上给投资者带来价值的增值。

请思考:华润创业的零成本筹资对你有何启示?

【案例分析3】

中国国际海运集装箱集团利用信誉融资

总部位于深圳的中国国际海运集装箱集团(以下简称中集)曾经完成一项耗时一年半的大工程:与荷兰银行合作,成功达成3年期8 000万美元的应收账款证券化融资项目,原本半年才能收回的资金,中集两个星期就拿到了。这开创了国内企业通过资产证券化(简称ABCP)途径进入国际资本市场的先河。

资产证券化于20世纪70年代末在美国兴起,是一种国际流行的融资方式。应收账款因其流动性好,较易被证券化。除了已经发生的账款外,一些未发生的、可预期的现金收入也可以证券化,比如民航公司可预期的机票收入等。

在使用应收账款证券化这种融资方式之前,中集主要采用商业票据进行国际融资,于1996年、1997年分别发行了5 000万美元、7 000万美元的1年期商业票据,但是这种方式的稳定性直接受到国际经济和金融市场的影响。在1998年,由于亚洲金融危机的影响,部分外资银行收缩了在亚洲的业务。经过多方努力,中集虽然成为金融危机后国内第一家成功续发商业票据的公司,但规模降为5 700万美元。

为保持集团资本结构的稳定性并进一步降低融资成本,中集希望寻找一种好的办法替代商业票据。这时一些国外银行向他们推荐应收账款证券化,经过双向选择,中集决定与荷兰银行合作,采用以优质应收账款作为支持来发行商业票据的资产证券化方案。

为此,中集首先要把上亿美元的应收账款进行设计安排,结合荷兰银行提出的标准,挑选优良的应收账款组合成一个资金池,然后交给信用评级公司评级。中集委托两家国际知名的评级机构:标准普尔和穆迪,得到了A1+(标准普尔指标)和P1(穆迪指标)的分数,这是短期融资信用最高的级别。凭着优秀的级别,这笔资产得以注入荷兰银行旗下的资产购买TAPCO公司建立的大资金池。

TAPCO公司是国际票据市场上享有良好声誉的公司,其大资金池汇集的几千亿美元的资产,更是经过严格评级的优良资产。由TAPCO公司在商业票据市场上向投资者发行商业票据,获得资金后,再间接付至中集的专用账户。项目完成后,中集只需花两周时间就可获得本应138天才能收回的现金。而作为服务方的荷兰银行则可收取200多万美元的费用。

这种新型的融资方式为中集带来的好处是显而易见的。首先,由于有公司优质应收账款作为支持,资产证券化的发行及成本较少地受到国际债务和资本市场的影响。也就是说,投资者在评判风险时,主要考虑中集的应收账款,即客户的风险,而不是中集的公司风险及国家风险。这一优点在亚洲金融危机,特别是出现广信事件等影响中国公司在国际资本市场直接融资的不利事件后,显得更加突出。而中集也将商业票据的期限锁定为3年,只要美国商业票据市场继续存在,应收账款质量一直保持良好,商业票据的发行就无须承担任何展期风险。

其次,带来更为理想的资本结构。采用资产证券化方式,中集将应收账款直接出售给海外的特定用途公司(SPV),再由该公司将应收账款通过荷兰银行的融资专用公司发行商业票据。因此,对中集而言,目前金额较大的应收账款中主要部分将直接从资产负债表中撤除,从而降低负债比率,优化集团财务状况的目的。以中集1998年10月底数据测算,在发行8 000万美元商业票据后,中集的资产负债率将从原来的57.7%下降到50.7%。

最后,获得了低成本资金。当时,中国银行的3年期美元债券成本为LIBOR＋274BPS。中国财政部发行的3年期美元债券成本为LIBOR＋120BPS。中集1998年续发的5 700万美元的1年期商业票据综合成本为LIBOR＋91.2BPS。而以资产证券化方式发行的8 000万美元3年期综合成本为LIBOR＋85BPS,融资成本大大降低(LIBOR是伦敦金融同业拆借利率,BPS是衡量资金发行成本的单位)。

由于应收账款证券化在国内尚无先例,中集做这个项目也遇到了很多超乎想象的困难,前后经历了一年半的时间。最初的障碍在于缺乏政策条例的支持,中集必须向国家外汇管理局申请,同样还需要咨询国内外的律师关于应收账款这种资产能否买卖,能否卖到海外市场等问题。由于得到了国家外汇管理局的大力支持,中集在一个多月之后拿到了批文,这才开始与荷兰银行谈判,进入实质性的阶段。

进入这一阶段后,更多的困难接踵而至。由于资产证券化在中国还是个新的会计科目,如何记账都是问题;还有大量的协调工作,比如集团与子公司、集团与客户之间的协调,因为要卖应收账款,所以还要征得客户的同意。应收账款证券化比商业票据复杂百倍,光汇总的文件就有200多页。

实施这种项目的首要条件是应收账款的质量要良好。而这一点首先取决于客户的付款信用。中集之所以能成功,是因为20多年来没有出现过一笔坏账。中集有一批高质量的国际化客户群,客户90%以上都属于国际经合组织成员国,不少客户本身又是荷兰银行等投资机构的合作伙伴。其次,应收账款的期限也是一个重要因素。一般来说,半年之内的应收账款,银行较易接受,此次中集的应收账款基本上是120天的期限。另外,银行对应收账款涉及的国家也有要求,发达国家的客户应收账款,较易证券化。

第二个重要条件是企业内部管理要良好。国外银行非常重视这一点。企业能否在较快的时间内拿出完整的、细致的应收账款数据,其实从侧面反映了一个企业的内部管理水平。中集此次卖出的8 000万美元应收账款,涉及几千张订单,对中集的内部管理是一次考验。过去中集的应收账款都是由各子公司分别登记,集团总部根本不能一下拿出整体的情况。通过这次融资,中集利用电子网络对集团每一笔应收账款进行及时的登记、更新、报送、出售,将原有分散于各子公司的应收账款管理集中并加以规范,从总体上提高了集团的管理水平。

请思考:信誉能筹资吗? 中集集团是如何利用信誉度融资的?

【案例分析4】

金蝶软件科技公司的融资之路

深圳金蝶软件科技有限公司(以下简称金蝶公司)是我国财务软件产业的卓越代表,是中国最大的财务软件及企业管理软件的开发者、供应商之一,是中国 Windows 版财务软件和决策支持型财务软件的开创者,是最早成功地研制出制造业管理系统(VMRP-II)的财务软件公司。金蝶公司的迅速发展和风险投资的介入是密不可分的。

一、公司背景

金蝶公司的前身是深圳爱普电脑公司,1992 年 7 月成功地开发了爱普财务软件。为了扩大经济规模,1993 年 8 月,深圳爱普电脑公司、香港招商局社会保险公司及美籍华人三方合资,成立了现在的金蝶公司,注册资本为 500 万元人民币。公司以"突破传统会计核算,跨进全新财务管理"为目标,进行产品创新,力图把金蝶公司建成国际性的财务软件公司。以现金和技术入股的深圳爱普电脑公司,当时并非最大的股东。正是这种经历和体验,使公司很早就拥有了容纳百川、借助资本运营的企业发展思路。

金蝶公司创立之初,便迅速开发自己的新产品。1993 年底,金蝶公司开发了 V2.0 和 V3.0DOS 版财务软件。1995 年底,金蝶公司率先开发出 Windows 操作系统的产品,市场份额快速扩张。1996 年 4 月,金蝶公司开发的 Windows 版本的财务软件,被评为"中国首家 Windows 版财务软件总分第一名"。

1997 年,金蝶公司率先推出 32 种决策知识型财务软件。1998 年 2 月,金蝶公司宣布与微软公司在开发、技术等方面进一步合作,并推出国内第一家 3 层结构技术基于大型数据库(C/S)版本的财务软件。金蝶公司所处的软件产业作为一种高效益、高投入、高风险的行业,其商品化需要投入大量的资金。企业在开发软件过程中,需要召集大量的人才进行开发。在软件向市场的推介中,需要大量的市场宣传和售后服务。而这一切,都需要一定资金的前期投入。随着改革的深入,国内的财务制度与国际标准逐步接轨,国内在最近几年先后成立了 200 余家大大小小的财务软件公司。在众多的财务软件公司中脱颖而出,使用户了解并使用自己的产品,这是金蝶公司的当务之急。金蝶公司为了抓住战略时机,扩大自身规模,实现规模化、产业化,1997 年在国内先后设立了 20 家分支机构。自1993 年金蝶公司成立以来,其营业收入和利润等主要经济指标以每年 300% 的速度增长。随着规模的扩大,仅仅靠金蝶公司自身的积累已经不能实现其战略需要和可持续增长,金蝶公司必须依靠资本市场来完成高效率的积累。

5 年来,金蝶公司数次主动向银行申请,也有几次银行上门来洽谈,最终却只获得了80 万元的贷款,原因就在于金蝶公司没有足够的资产作为抵押,也缺乏担保,因为此时的金蝶公司只有 500 万元固定资产。事实证明,金蝶公司向银行贷款的这条路走不通。

二、风险投资的介入

1998 年,对金蝶公司来说,极具历史转折意义。此时,国际数据集团(以下简称 IDG)广州太平洋技术创业投资基金正在广州、深圳两地寻找投资项目。对风险投资基金而言,寻找投资项目是通过多种渠道来完成的,如可以通过公布投资项目指南,由风险企业提交项目投资申请,或者风险投资者采取主动出击的方式去搜寻投资项目。对各个渠道搜寻来的项目,再由风险投资公司进行考察、评审和筛选。在美国,由风险投资公司或风险投资基金的上级机构、贸易伙伴或合作伙伴介绍项目给风险投资者,占最后达成风险投资协议的 65%,通过中介组织或中间人达成投资协议的,如亚信公司占 25%,而通过网络关系、贸易活动、讨论会等方式达成风险投资协议的只占百分之十几。通过深圳市科技局,IDG 广州太平洋技术创业投资基金总经理王树了解到金蝶公司的基本情况,于是对金蝶公司进行拜访。对金蝶公司来说,IDG 广州太平洋技术创业投资基金的介入正是时候,没有经历过国外风险投资申请的复杂程式,没有中介服务机构的介入,也没有提交过项目建议书,这笔投资是主动找上门的。短短 3 个月的接触,双方就达成了合作协议。

1998 年 5 月 18 日,享誉世界的 IDG 在中国的风险投资公司——广东太平洋技术创业有限公司向金蝶公司投资 2 000 万元人民币,以支持其科研开发和国际性市场开拓工作,这是 IDG 对华软件产业风险投资中最大的一笔投资,也是继四通利方之后,国内 IT 行业接受的数额最高的风险投资。

总部设在美国波士顿的 IDG 是集出版、信息网络、展览、市场研究和咨询为一体的世界最大的信息服务商,其业务遍布 80 多个国家和地区,1997 年的营业额达 20.5 亿美元。IDG 所属的"太平洋风险投资基金"曾向以生产网络浏览器闻名的网景公司投资 200 万美元,18 个月后网景股票上市,200 万美元很快增值为 7 800 万美元,一时传为美谈。1998 年前后,"太平洋风险投资基金"在中国北京、上海和广州与当地科委合作,设立由其控股的风险投资基金,着眼于投资当地经济区域有发展活力的高新技术企业。而金蝶公司的资产总额以每年 200%~300% 的速度增长,作为国内最大的财务软件开发商和供应商之一,其在 1998 年一年中,软件销售总额就超过了 1 亿元,同时又在企业综合管理软件开发方面取得了可喜的进展。具有这样卓越成就的企业,对风险投资者的吸引力是巨大的,IDG 广州太平洋技术创业投资基金的主动出击是情理之中的事。

IDG 广州太平洋技术创业投资基金在对金蝶公司进行考察时,十分注重对风险企业家和管理团队的评估。被投资者的能力、知识、经验、人品和团体协作能力是风险投资者所看重的。IDG 广州太平洋技术创业投资基金很欣赏以思想开放的徐少春总裁为首的管理团队,这个团队的特点是具备超前的战略眼光和企业战略设计能力,并且始终保持着稳固的务实风格和创新精神。1998 年 3 月,IDG 董事长麦戈文先生亲自到金蝶公司考察,他对金蝶公司总裁徐少春先生给予了高度的评价,并认为金蝶公司是一个有远见、有潜力的高新技术企业,其队伍是一支年轻而优秀的人才队伍。此外,IDG 看中了金蝶公司是因为它是一个典型的民营企业,其机制灵活,在思想观念上比较开放、善于接受新事物。

IDG 广州太平洋技术创业投资基金以参股形式对金蝶公司进行投资后,折价入股,成为金蝶公司的股东之一,享有股东的权利。但对金蝶公司不控股,不参与经营,只是通过做一些有益的辅助工作,如介绍和引进专家做报告、开研讨会、帮助企业做决策咨询、提供开发方向的建议等方式来施加影响。第一笔资金到位后,IDG 委派王树担任金蝶公司的董事,对金蝶公司进行监控,但是王树从不过问金蝶公司的经营。在这看似宽松的合作之下,风险投资带给金蝶公司的风险意识和发展压力陡然增加。因为按照金蝶公司与 IDG 的合作协议,金蝶公司必须在获得第一笔投资后的一年内,达到双方规定的目标,即在 1997 年的基础上,1998 年取得 200% 的增长率,只有这样,金蝶公司才有资格获得 IDG 的第二笔金额为 1 000 万元的投资。正是这种风险压力,促使金蝶公司迅速地调整自己。

三、风险投资引起的冲击

风险投资资金进入风险企业后,对企业的战略、决策等方面会产生深刻的影响。IDG 的风险投资资金注入金蝶公司后,使金蝶公司发生了深刻的变化。

第一,公司的发展战略重新确定。金蝶公司在 1998 年底完成了由财务软件领域向企业管理软件领域的战略性拓展,并提出了跨入国际管理软件十强之列的宏伟战略目标。这个战略目标的确定,对金蝶公司的整个管理层产生了深远的影响。因为要进入国际管理软件的十强,就势必要进入国际市场,势必要成为国际化的公司。而要成为国际化的公司,必须匹配世界级的人才,要吸引和留住优势人才,则必须使企业自身具有先进的用人制度、管理制度等。这一切新的要求,使金蝶公司的管理层从思维方式到行为准则,都获得了新的坐标,采取新的做法。例如,金蝶公司倡导的"激情管理"。"激情管理"是基于这样一个原理:企业不是科学,企业的行为既不是物理变化,也不是化学反应,企业是人的组合,企业的运行是人的行为的组合。企业与人一样是一个非常复杂的系统,同样经历着诞生—成长—稳定发展—灭亡的生命周期,面临着优胜劣汰、不进则退的生存和发展的危机。企业有一种内在的原动力,这种原动力需要去激发,需要以系统化、全面化为主要特征的管理模式去激发。"激情管理"的核心是企业发展的远大理想,这极大地激发了员工的能动性。

第二,金蝶公司过去对软件的开发高度重视,而对市场占有率却相对忽视。风险投资资金进入后,提出一定的收入和利润增长指标,都需要依靠市场来实现,于是市场占有率便成了金蝶公司的营销重点和宣传重点。这就如同催化剂一般,加速了整个公司的成长。金蝶公司的分支机构由 21 家猛增到 52 家,代理商达到 360 家,员工从 300 人增加到 800 人,销售额增长了 200%,1998 年销售额约为 1.5 亿元,可见风险投资的影响是潜移默化的。1998 年金蝶公司有着出色的市场作为,根据国家信息产业部信息中心的统计数据指出,金蝶公司在财务软件市场上的份额由 1997 年的 8% 提升到 1998 年的 23%,为财务软件行业成长最好的企业。预计其在 1999 年的市场份额将达到 35%,成为中国财务软件市场的第一。

另外,IDG 广州太平洋技术创业投资基金不仅仅给金蝶公司带来了 2 000 万元的投资,还帮助金蝶公司与国际大公司进行交流,把国外一些全新的观点带给了金蝶公司,使金蝶公司走上了一条向国际化发展的道路。同时,金蝶公司可借助 IDG 集团的商业资源,与毗邻的香港优势互补,从而进一步拓展金蝶产品的国际性销售渠道,使金蝶公司在成为国际性的财务软件公司中更上一层楼。

在金蝶公司的商务计划书中,其基于竞争战略和取得更强的竞争优势的考虑所制定的短期目标是:1999年内,实现同业中顾客满意度最高;2005年,跻身世界管理软件业前十名。金蝶公司把获取的高顾客满意度作为占领市场的战略手段,这是因为在市场经济下,讲的是双赢战略。一切为客户着想,是成功的秘诀,尤其是在商品供应者竞争激烈的卖方市场,金蝶公司向来重视对客户的服务,时时刻刻把客户利益放在首要位置。金蝶公司的发展战略是:创造核心能力,强化管理优势,借助资本运营,实现战略目标。金蝶公司把它的核心能力定位于:以顾客为中心,建立系统化的营销服务体系;创造技术领先、性能超群的产品质量;建立行业知识库。金蝶公司一直在追求高效率的营销服务、高品质的产品和能为不同的行业服务,这是金蝶公司获取竞争优势的关键。

金蝶公司软件的科技含量高表现在它的生产、使用及相关的服务上。软件市场有一个特殊的市场,在这个市场里,产品直接决定企业的运营方式。金蝶公司的产品有3个:财务软件、K3管理软件和服务,所以金蝶公司采取以财务软件事业部、K3事业部和客户事业部为核心的事业部机制。在金蝶公司的产品事业部里,实行独立核算。产品事业部是利润中心,在产品事业部里,市场规则决定其运营,利益的驱动是经营杠杆,只有靠此才能达到资源的优化配置。除产品事业部以外的其他部门均围绕它们在运作,为它们提供决策、管理、人力、财务、后勤等各个方面的系统支持。如此一来,事业部的运作是高产的,整个软件企业的运作向金蝶公司所制定的目标稳步前进。

金蝶公司以超前的意识和大胆创新的精神著称于业界,始终扮演着市场领导者的角色,从"突破传统核算,迈入全新财务管理"到会计信息化再到数字化管理,从1996年率先推出Windows版财务软件到决策支持型财务软件再到1999年全面向Internet进军的网络财务软件,金蝶公司不断引领行业的思想变革并保持行业的技术领先地位。

在管理软件市场上,金蝶公司立足于中国企业的实际情况,开发成功的K/3企业管理软件,受到了同行及广大企业的高度评价,并拥有了如中山衡器、宁波海天等一批成功的用户。金蝶公司在财务软件领域内取得的骄人成绩,以及在管理软件领域的扩张势头,使得金蝶公司被认为是中国最具有实力的管理软件公司,其长远发展目标是在2005年进入世界财务和管理软件十强。按国内会计准则,预测该公司1999年销售额约为3亿元人民币。金蝶公司原定在1999年内,实现同行业中顾客满意度最高的目标,该公司的"顾客满意度"始终呈上升趋势。经香港一家专业调查机构调查,金蝶公司的"顾客满意率"比1998年上涨了5个百分点。

1999年8月17日,金蝶公司发布了面向21世纪的Internet战略——i100计划,现场通过浏览器远程演示在WWW.KINGDEE.COM的金蝶2000网络财务软件,标志着网络财务软件产品的首次公开面市,其优质的产品、先进的技术再次成为社会各界的焦点。金蝶公司董事长兼总裁徐少春宣布金蝶面向21世纪的Internet战略体系包括:①全面更新中国财务及企业管理软件的Internet应用观念;②金蝶两大系列产品(金蝶2000系统、K/3系统)全线向Internet转移;③启动BToC(Business To Customer)、BToB(Business To Business)电子商务;④实施网络营销和服务;⑤全面建立中国企业数字神经系统,实施中国企业数字化管理战略;⑥为企业提供 BToC&BToB 电子商务、知识管理、企业经营三大应用解决方案等 6 个方面。其战略目标是:"让每一个企业、每一个家庭、每一台 PC、每一台 NetPC、每一台手持式 PC……上均有中国人自己的管理软件,让数字化管理思想延伸到世界的每一个地方。"而世纪交会之际,中国财务软件产业正面临着一场由 PC 向网络平台迁移的历史性变革,金蝶凭借领先的技术和市场,在 Internet 上开发的系列管理软件,必将取得压倒性的优势。

金蝶公司的 Internet 战略得到了 Intel 公司的 Web 应用安全开发技术、Microsoft 公司的 WindowsDNA 技术、SQLServer 大型数据库技术、DNS 数字神经系统、IBM 的电子商务全面解决方案、BEA 公司在中间件技术以及 Oracle 公司在 Oracle8I 数据库技术上的大力支持。国际知名厂商的参与不仅为金蝶网络财务软件的推广应用打下了坚实的基础,也为整个战略的顺利实施提供了多方面的技术保障,确保用户的投资在未来得到最大限度的保护和增值。这些的获得,与金蝶公司得以享用 IDG 集团的国际化管理经验以及在 IT 行业的商业资源是分不开的。

出于保护原始股东利益的考虑,金蝶公司实际上已不可能再接受 IDG 新的投资。利用风险资本创业的高新技术企业,由于企业自身的快速成长,往往需要可持续性的融资和即时的融资。这样,风险企业需要的常常不是一个融资对象,而是更为广阔的融资渠道,由此来保证融资的源源不断和及时有效。目前,金蝶公司正在争取 1999 年 11 月在香港创业板(GEM)上市,一方面,为后续研究发展增强融资能力,另一方面,风险投资企业最终还是要靠上市来实现价值。上市不仅为风险投资的退出提供了可能,还将使金蝶公司实行的员工持股计划的激励效果充分发挥出来,这有助于金蝶公司吸引和留住优势人才。

请思考:对金蝶公司的融资之路做出分析评价。

【工作任务 1】 企业筹资方式

一、实训目的与要求

通过本任务实训,使学生进一步熟悉企业筹资的渠道和方式,掌握各种筹资方式的优缺点,深入了解企业筹资过程中的影响因素。要求学生能够运用所学的各种融资方式的知识,对企业筹资方案进行分析评价。

二、能力目标

1.能正确运用权益资金筹资方式为企业筹资做规划;

2.能正确运用负债资金筹资方式为企业筹资做规划;

3.能运用融资组合策略,规避企业筹资风险;

4.能对企业筹资方案进行正确分析与评价。

三、实训地点与形式

1.实训地点:校内模拟实训室;

2.实训形式:模拟实践。

四、实训教学内容

1. 能运用销售百分比法进行融资需要量的预测；

2. 能正确计算商业信用的成本；

3. 能运用长期借款筹资方式为企业进行融资；

4. 能计算债券的发行价格，进行公司债券的发行；

5. 能计算融资租赁的租金，会运用融资租赁方式为企业进行融资；

6. 熟悉普通股和优先股发行的条件与上市条件；

7. 能够区分不同筹资方式的利弊，掌握筹资组合策略，并做出正确分析与评价。

五、实训资料

（一）阳光公司为了开发一种新产品，向中国工商银行合作路支行申请一笔银行借款，年利率为 8%，借款总额为 500 万元，借款期限为 3 年，银行要求补偿性余额比例为 15%。

要求：请你为阳光公司测算此笔借款的实际利率。

（二）万利公司为了筹集资金，拟发行票面金额为 100 元、票面利率为 10% 的 3 年期公司债券，该债券每年年末付息，到期一次偿还本金。已知当前市场利率为 12%。

要求：

（1）请你为万利公司计算此债券的发行价格。

（2）如果该公司债券的发行价格等于投资价值，且发行费用率为 5%，请你计算该债券的资本成本（万利公司所得税税率为 25%）。

（三）万盛公司为了扩大生产经营范围，拟发行 5 年期债券进行筹资，债券票面金额为 1 000 元，票面利率为 8%，与当时市场利率相同，请你计算以下两种情况下该公司债券发行价格应为多少才是合适的。

（1）单利计息，到期一次还本付息。

（2）每年年末付息一次，到期偿还本金。

（四）商业信用融资

昌盛公司要采购一批价值为 100 万元的原材料，目前市场上有 A、B 两家供应商，A公司的信用条件为"2/10，N/30"，B 公司的信用条件为"1/20，N/45"，请回答下面两个问题并说明理由。

（1）已知昌盛公司目前有一个投资机会，投资额为 100 万元，回报率为 30%，请问该公司是应该享受 A 公司提供的现金折扣还是应该进行投资？

（2）如果昌盛公司准备放弃现金折扣，那么应选择哪家供应商？如果该公司准备享受现金折扣，那么应选择哪家供应商？

六、实训教学要求

1. 对上述四个实训资料中提出的问题进行分析；

2. 能利用筹资管理知识对筹资方案进行评价；

3. 在教师指导下，对工作任务进行计算、评价；

4. 能在课堂讨论中积极参与、踊跃发言。

七、实训教学组织和步骤

1. 划分实践教学小组；

2.分工调查每种筹资方式实现环境、资本成本、风险大小、取得的难易程度、取得的速度、不同来源性质资金对企业控制权的影响、各种筹资方式可能遇到的法律问题；

3.课堂讨论:针对工作任务,由各小组代表发表本组观点,进行分析与评价;

4.教师对实训工作任务进行点评。

八、实训考核评价

1.各种筹资方式的优缺点;

2.学生对各种筹资方式的掌握程度;

3.学生对筹资实例的分析和判断能力;

4.对筹资方式的灵活运用能力。

【工作任务2】 资本成本和资本结构的确定

一、实训目的与要求

通过本任务实训,使学生理解资本成本的构成,能熟练计算个别资本成本及综合资本成本;掌握经营杠杆、财务杠杆、复合杠杆的计算,能利用所学知识分析企业经营风险、财务风险,做出适宜的资本结构筹资决策;理解资本结构的含义,能运用每股收益无差别法和比较资本成本法做出筹资决策。

二、能力目标

1.能正确计算个别资本成本;

2.能正确计算加权平均资本成本;

3.能运用资本结构理论做出筹资决策;

4.能运用杠杆原理,确定企业经营风险、财务风险和复合风险。

三、实训地点与形式

1.实训地点:校内模拟实训室。

2.实训形式:模拟实践。

四、实训教学内容

1.能理解资本成本在企业筹资与投资决策中的作用;

2.能正确计算个别资本成本及加权平均资本成本;

3.能正确计算经营杠杆、财务杠杆和总杠杆;

4.能运用经营杠杆、财务杠杆和总杠杆衡量企业风险;

5.能熟知影响资本结构的因素;

6.能运用每股收益无差别法和比较资本成本法做出筹资决策。

五、实训资料

(一)润发公司计划筹集资金 6 000 万元,所得税税率为 25%。有关资料如下:

(1)向银行借款 100 万元,借款年利率为 6%,手续费率为 1%。

(2)按溢价发行债券,债券面值为 500 万元,发行价格为 540 万元,票面利率为 8%,期限为 3 年,每年年末支付一次利息,其筹资费率为 2%。

(3)平价发行优先股 200 万元,年股利支付率为 10%,筹资费率为 3%。

(4)发行普通股 500 万股,每股发行价格为 10 元,筹资费率为 5%。预计第一年每股股利 1.3 元,以后每年按 6% 递增。

(5)其余所需资金通过留存收益获取。

要求：

(1)请你为润发公司计算以上融资方式的个别资本成本。

(2)请你为润发公司计算加权平均资本成本。

(二)昌盛公司 2017 年的财务杠杆系数为 1.25，净利润为 600 万元，所得税税率为 25%，该公司全年固定成本总额为 960 万元，公司年初发行了一种债券，数量为 1 万张，每张面值为 100 元，发行价格为每张 108 元，票面利率为 9%，发行费用占发行价格的 2%。昌盛公司当年支付所有负债利息总额为 200 万元。

要求：请你运用杠杆原理，根据上述资料计算下列指标。

(1)2017 年昌盛公司利润总额；

(2)2017 年昌盛公司息税前利润总额；

(3)2017 年昌盛公司经营杠杆系数和复合杠杆系数；

(4)2017 年昌盛公司债券筹资个别资本成本(计算结果保留两位小数)。

(三) 蓝天公司 2017 年年末资本结构如下表 3-2 所示：

表 3-2　　　　　　蓝天公司 2017 年年末资本结构

筹资方式	金额（万元）
长期债券（年利率 7%）	2 000
普通股（5 000 万股）	5 000
资本公积	2 000
留存收益	1 000
合　　计	10 000

根据公司发展战略，蓝天公司 2018 年年初准备增加资金 5 000 万元，现有两个筹资方案可供选择：甲方案为增发普通股，新发行 500 万股普通股，每股市价 10 元；乙方案为发行公司债券，按面值发行每年年末付息、票面利率为 8% 的公司债券 5 000 万元。假定股票与债券的发行费用均可忽略不计，蓝天公司适用的所得税税率为 25% 。

要求：

(1) 计算两个筹资方案下每股利润无差别点的息税前利润；

(2) 计算处于每股利润无差别点时乙方案的财务杠杆系数；

(3) 如果预计蓝天公司息税前利润为 4 000 万元，指出该公司应采用的筹资方案；

(4) 如果预计蓝天公司息税前利润为 5 000 万元，指出该公司应采用的筹资方案。

六、实训教学要求

1.对上述三个实训资料中提出的问题进行分析；

2.能利用筹资管理知识对各个问题进行准确计算；

3.对杠杆原理和企业风险有深刻的理解；

4.理解资本成本在筹资决策、投资决策中的作用；

5.能在课堂讨论中踊跃发言，参与讨论。

七、实训教学组织和步骤

1.划分实践教学小组；

2.提前布置实训任务；

3.每个小组调查三个企业资本的构成和每种资本的成本；

4.对工作任务进行准确解答；

5.课堂讨论：针对工作任务，由各小组代表发表本组观点；

6.教师对实训工作任务进行点评。

八、实训考核评价

1.各种筹资方式的资本成本及综合资本成本的计算；

2.学生对各种筹资方式灵活运用能力；

3.学生对杠杆原理的理解和对经营风险、财务风险和复合风险的计算能力；

4.能运用每股收益无差别法和比较资本成本法做出筹资决策。

 理论指导

一、投资的含义

投资是指特定经济主体(包括国家、企业和个人)为了在未来可预见的时期内获得收益或是资金增值,在一定时期向一定领域的标的物投放足够数额的资金或实物等货币等价物的经济行为。

二、投资的种类

1.按照投资行为的介入程度,分为直接投资和间接投资;

2.按照投入的领域不同,分为生产性投资和非生产性投资;

3.按照投资的方向不同,分为对内投资和对外投资;

4.按照投资的内容不同,分为固定资产投资、无形资产投资、其他资产投资、流动资产投资、房地产投资、有价证券投资、期货与期权投资、信托投资和保险投资等多种形式。

子项目一　项目投资管理决策

一、项目投资的含义及其特点

(一)项目投资的含义

项目投资是一种以特定建设项目为对象,直接与新建项目或更新改造项目有关的长期投资行为。项目投资可分为新建项目和更新改造项目两大类型。

（二）项目投资的特点

1.投资数额大；

2.影响时间长；

3.不可逆转性；

4.投资风险高。

二、项目投资的一般程序

项目投资的一般程序为"提出—可行性分析—决策评价—实施"四个步骤。

三、项目投资计算期及其构成

项目投资计算期（记作 n），是指项目从开始投资建设到最终清理结束整个过程的全部时间，即项目的有效持续时间。一个完整的项目投资计算期，由建设期（记作 $s,s \geqslant 0$）和生产经营期（记作 p）两部分构成。

项目投资计算期、建设期和生产经营期之间存在以下关系：

$$n = s + p$$

四、项目投资金额及其投入方式

反映项目投资金额的指标主要有原始总投资和投资总额。项目资金的投入分为一次投入和分次投入两种方式。

工作任务 1　现金流量的估算

一、项目投资财务决策评价的主要依据——现金流量

进行项目投资财务决策评价的基本前提和主要依据是投资项目产生的现金流量。

（一）现金流量的概念

现金流量在投资决策中是指一个项目引起的企业现金流入量与现金流出量的总称，它是计算项目投资决策评价指标的主要根据和重要信息之一。

（二）现金流量的内容

现金流量包括三项内容，即现金流出量、现金流入量和现金净流量。

1.现金流出量

一个方案的现金流出量是指由该方案所引起的企业现金支出的增加额，主要包括以下内容：

（1）建设投资；

（2）流动资金投资；

（3）经营成本；

（4）各项税款；

（5）其他现金流出。

2.现金流入量

一个方案的现金流入量是指由该方案所引起的企业现金收入的增加额,主要包括以下内容:

(1)营业收入;

(2)回收固定资产的余值;

(3)回收垫支的流动资金。

3.现金净流量

现金净流量又称为净现金流量,是指一定期间现金流入量减去现金流出量的差额。现金净流量的计算公式为

$$现金净流量(NCF_t) = 现金流入量 - 现金流出量$$

二、现金流量的估算方法

在实际工作中,一般采用简化计算公式的形式计算现金净流量,即根据项目投资计算期不同阶段上的现金流入量和现金流出量具体内容,直接计算各阶段的现金净流量。

1.初始现金流量

初始现金流量是指开始投资时发生的现金流量,一般包括固定资产投资、无形资产投资、垫支流动资金及固定资产更新时原有固定资产的变价收入等。建设期现金净流量的计算公式为

$$建设期现金净流量(NCF) = -原始投资额$$

2.营业现金流量

营业现金流量是指投资项目完工投入使用后,在其寿命周期内,由于生产经营所带来的现金流入和现金流出的数量。营业现金净流量的计算公式为

$$
\begin{aligned}
营业现金净流量(NCF) &= 营业收入 - 付现成本 - 所得税 \\
&= 营业收入 - (营业成本 - 折旧) - 所得税 \\
&= 营业利润 + 折旧 - 所得税 \\
&= 净利润 + 折旧
\end{aligned}
$$

3.终结现金流量

终结现金流量的计算公式为

$$终结现金流量 = 固定资产残值收入 + 回收垫支流动资金等$$

任务2　工作决策评价指标的计算分析

一、项目投资决策评价指标的含义及其分类

(一)项目投资决策评价指标的含义

项目投资决策评价指标是指用于衡量和比较投资项目可行性,以便进行方案决策的定量化标准与尺度,它由一系列综合反映投资效益、投入产出关系的量化指标构成。

(二)项目投资决策评价指标的分类

1.按其是否考虑资金时间价值,分为非折现评价指标和折现评价指标;

2.按其性质不同,分为正指标和反指标;

3.按其数量特征不同,分为绝对指标和相对指标;

4.按其在决策中所处的地位,分为主要指标、次要指标和辅助指标。净现值、内含报酬率等为主要指标,投资回收期为次要指标,投资利润率为辅助指标。

二、非折现评价指标的含义、计算公式、决策标准及优缺点(表 4-1)

表 4-1　　　　　　非折现评价指标的含义、计算公式、决策标准及优缺点

指标	含义及计算公式	决策标准	优缺点
投资利润率	含义:投资利润率是指达到正常生产年度利润或年平均利润占投资总额的比率 计算公式为 投资利润率=年平均利润÷投资总额×100%	投资项目的投资利润率越高越好,低于无风险投资利润率的方案为不可行方案	优点:简单、明了、易于掌握,且该指标不受建设期的长短、投资的方式、回收额的有无以及现金净流量的大小等条件的影响,能够说明各投资方案的收益水平 缺点:没有考虑资金时间价值因素;分子、分母其时间特征不一致;指标的计算无法直接利用现金净流量信息
投资回收期	含义:投资回收期是指以项目的现金净流量抵偿原始总投资所需要的全部时间 计算公式为 投资回收期=投资总额÷年现金净流量 如果经营期每年的现金净流量不相等,则投资回收期的计算需要先计算每年年末尚未收回的投资额,然后计算投资回收期	如果投资方案回收期小于或等于期望回收期,此方案可以采纳;否则不可以采纳	优点:易于计算和理解 缺点:没有考虑资金时间价值,只考虑了回收期内的现金净流量;没有考虑回收期满后的现金净流量

三、折现评价指标的含义、计算公式、决策标准及优缺点(表 4-2)

表 4-2　　　　　　折现评价指标的含义、计算公式、决策标准及优缺点

指标	含义及计算公式	决策标准	优缺点
净现值	含义:净现值是指在项目投资计算期内,按选定的折现率计算的各年现金净流量的现值的代数和 计算公式为 净现值=∑(项目投资计算期内各年的现金净流量×复利现值系数)	净现值≥0 为可行方案; 净现值<0 为不可行方案	优点:考虑了资金的时间价值,能够反映各种投资方案的净收益;考虑了项目投资计算期的全部现金流量,体现了流动性与收益性的统一;考虑了投资风险性 缺点:无法反映各个投资方案本身可能达到的实际投资收益率
净现值率	含义:净现值率是指投资项目的净现值占原始投资现值总额的百分比 计算公式为 净现值率=投资项目净现值/原始投资现值总额×100%	净现值率≥0 为可行方案; 净现值率<0 为不可行方案	优点:可以从动态的角度反映投资项目的资金投入与净产出之间的关系 缺点:无法直接反映投资项目的实际收益率
现值指数	含义:现值指数是指按选定的折现率计算的项目投产后各年现金净流量的现值之和与原始投资现值总额之比 计算公式为 现值指数=项目投产后现金净流量现值之和÷原始投资现值总额	现值指数大于1,该方案为可行方案;现值指数小于1,该方案为不可行方案。现值指数越大,投资方案越好	优点:可以从动态的角度反映投资项目的资金投入与净产出之间的关系 缺点:无法直接反映投资项目的实际收益率,计算复杂,计算口径也不一致
内含报酬率	含义:内含报酬率是指使投资项目的净现值等于零的折现率 特殊计算方法:查表法+内插法 一般计算方法:逐步测试法	内含报酬率大于其资本成本,该方案为可行方案;内含报酬率小于其资本成本,该方案为不可行方案。	优点:能从动态的角度直接反映投资项目的实际收益水平 缺点:计算过程复杂,当进入生产经营期又发生大量追加投资时,就有可能导致多个高低不同的内含报酬率出现

动态指标之间的关系：

净现值、净现值率、获利指数、内部收益率和基准收益率指标之间存在同方向变动关系，即

当净现值＞0时，净现值率＞0，获利指数＞1，内部收益率＞基准收益率；

当净现值＝0时，净现值率＝0，获利指数＝1，内部收益率＝基准收益率；

当净现值＜0时，净现值率＜0，获利指数＜1，内部收益率＜基准收益率。

工作任务3　决策评价指标的应用

一、单一独立方案可行性评价原则

1.如果某一投资项目的主要指标和次要、辅助指标结论均为可行，则可以断定该投资项目完全具备财务可行性；

2.若主要指标结论可行，而次要或辅助指标结论不可行，则基本具备财务可行性；

3.若主要指标结论不可行，而次要或辅助指标结论可行，则基本不具备财务可行性；

4.若主要指标结论不可行，次要或辅助指标结论也不可行，则完全不具备财务可行性；

5.利用净现值、净现值率、获利指数和内部收益率指标对同一个独立项目进行评价，会得出完全相同的结论。

二、多个互斥方案的优选原则

1.当原始投资相同且项目投资计算期相等时，可以选择净现值大的方案作为最优方案；

2.当原始投资不相同时，选择净现值率最大的方案作为最优方案；

3.当项目投资计算期不相等时，使用年均净现值法决策；

年均净现值法是把项目投资总的净现值转化为项目投资每年的平均净现值，并由此比较大小做出选择。年均净现值的计算公式为

$$ANPV = NPV/PVIFA_{k,n}$$

式中，$ANPV$——年均净现值；

NPV——净现值。

三、多项目组合决策原则

1.在资金总量不受限制的情况下，选择所有净现值大于0的方案进行组合，可按每一项目的净现值大小来排队，确定优先考虑的项目顺序；

2.在资金总量受到限制时，则需按净现值率或获利指数的大小，结合净现值进行各种组合排队，从中选出能使净现值最大的最优组合。

能力训练

一、单项选择题

1.在项目投资决策中，完整的项目投资计算期是指（　　　）。

A.建设期　　　　　　　　　　　　　　　B.生产经营期

C.建设期＋达产期 　　　　　　　　　　D.建设期＋生产经营期

2.下列指标的计算中,没有直接利用现金净流量的是(　　　)。

A.内部收益率 　　　　　　　　　　　　B.投资利润率

C.净现值率 　　　　　　　　　　　　　D.获利指数

3.在长期投资决策中,不宜作为折现率进行投资项目评价的是(　　　)。

A.活期存款利率 　　　　　　　　　　　B.投资项目的资本成本

C.投资的机会成本 　　　　　　　　　　D.行业平均资金收益率

4.下列(　　　)指标是非折现现金流量指标。

A.投资利润率 　　　B.净现值 　　　C.获利指数 　　　D.内含报酬率

5.某项目投资需要的固定资产投资额为 100 万元,无形资产投资额为 10 万元,流动资金投资额为 5 万元,建设期资本化利息为 2 万元,则该项目的原始总投资为(　　　)万元。

A.113 　　　　　　B.115 　　　　　　C.117 　　　　　　D.120

6.某企业投资方案的年销售收入为 200 万元,年总成本为 100 万元,年折旧为 10 万元,无形资产年摊销额为 10 万元,所得税税率为 25%,则该方案经营现金净流量为(　　　)万元。

A.85 　　　　　　B.95 　　　　　　C.105 　　　　　　D.115

7.某企业打算变卖一套尚可使用 6 年的旧设备,并购置一台新设备替换它,旧设备的账面价值为 510 万元,变价净收入为 610 万元,新设备的投资额为 915 万元,到第 6 年年末新设备的预计净残值为 15 万元,旧设备的预计净残值为 10 万元,则更新设备每年增加的折旧额为(　　　)万元。

A.40 　　　　　　B.50 　　　　　　C.60 　　　　　　D.70

8.下列选项中,(　　　)属于项目评价中的辅助指标。

A.静态投资回收期 　　　　　　　　　　B.投资利润率

C.内部收益率 　　　　　　　　　　　　D.获利指数

9.已知甲项目的原始投资额为 800 万元,建设期为 1 年,投产后第 1 至 5 年的每年现金净流量为 100 万元,第 6 至 10 年的每年现金净流量为 80 万元,则该项目不包括建设期的静态投资回收期为(　　　)年。

A.7.75 　　　　　　B.8 　　　　　　C.8.75 　　　　　　D.9

10.某项目的原始投资额为 100 万元,建设期资本化利息为 5 万元,投产后年均利润为 10 万元,则该项目的投资利润率为(　　　)。

A.9.52% 　　　　　　B.10% 　　　　　　C.10.25% 　　　　　　D.11%

11.淮海公司投资 20 万元购入一台设备,预计投产后每年获利 4 万元,固定资产年折旧额为 2 万元,则投资回收期为(　　　)年。

A.6.7 　　　　　　B.10 　　　　　　C.3.33 　　　　　　D.5

12.净现值、净现值率和获利指数指标共同的缺点是(　　　)。

A.不能直接反映投资项目的实际收益率

B.不能反映投入与产出之间的关系

C.没有考虑资金的时间价值

D.无法利用全部现金净流量的信息

13.下列选项中,( )指标的计算与行业基准收益率无关。

    A.净现值   B.净现值率   C.获利指数   D.内部收益率

14.如果某投资项目建设期为 0 年,生产经营期为 8 年,基准投资利润率为 5%,已知其净现值为 80 万元,静态投资回收期为 5 年,投资利润率为 3%,则可以判断该项目( )。

    A.完全具备财务可行性   B.完全不具备财务可行性

    C.基本具有财务可行性   D.基本不具备财务可行性

15.某投资方案,当贴现率为 16% 时,其净现值为 38 万元;当贴现率为 18% 时,其净现值为 −22 万元。该方案的内部收益率( )。

    A.大于 18%   B.小于 16%

    C.介于 16% 与 18% 之间   D.无法确定

16.如果甲、乙两个投资方案的净现值相同,则( )。

    A.甲方案优于乙方案

    B.乙方案优于甲方案

    C.甲方案与乙方案均为可行方案

    D.无法评价甲方案与乙方案的优劣

17.在下列指标中,不属于贴现的指标是( )。

    A.净现值   B.现值指数

    C.投资回收期   D.内部报酬率

18.一般来说,流动资金回收发生在( )。

    A.建设期起点   B.经营期起点

    C.项目终结点   D.经营期的任意时点

19.当贴现率为 10% 时,某项目的净现值为 150 万元,则说明该项目的内含报酬率( )。

    A.高于 10%   B.等于 10%   C.低于 10%   D.无法确定

20.对于多个互斥方案的比较与优选,采用年等额净现值指标时( )。

    A.投资额较大的方案为最优方案

    B.投资额较小的方案为最优方案

    C.年等额净现值最大的方案为最优方案

    D.年等额净现值最小的方案为最优方案

21.已知甲方案投资收益率的期望值为 15%,乙方案投资收益率的期望值为 12%,两个方案都存在投资风险。比较甲、乙两个方案的风险大小应采用的指标是( )。

    A.方差   B.净现值   C.标准离差   D.标准离差率

22.下列选项中,( )指标是折现现金流量指标。

    A.平均报酬率   B.获利指数   C.投资回收期   D.投资净利率

23.在有资本限额的情况下,为了使企业获得最大利益,应该选择那些能使( )达到最大的投资组合。

    A.净现值率   B.净现值   C.获利指数   D.内含报酬率

24.假设以10％的年利率借款 30 000 元,投资于某个寿命期为 10 年的项目,为使该项目可行,每年至少应收回的投资额为( )元。

A.6 000   B.3 000   C.5 374   D.4 882

25.项目初始现金流量不包括( )。

A.利息   B.固定资产投资   C.无形资产投资   D.垫支流动资金

二、多项选择题

1.项目投资与其他形式的投资相比,具有( )特点。

A.投资金额大   B.影响时间长   C.变现能力差   D.投资风险小

2.原始总投资包括( )。

A.固定资产投资   B.开办费投资   C.资本化利息   D.流动资金投资

3.项目投资的现金流出量包括( )。

A.固定资产投资   B.流动资金投资

C.新增经营成本   D.增加的各项税款

4.与项目相关的经营成本等于总成本扣除( )后的差额。

A.折旧   B.无形资产摊销

C.开办费摊销   D.计入财务费用的利息

5.项目投资的评价指标中,按照指标的性质可以分为( )。

A.正指标   B.反指标   C.绝对量指标   D.相对量指标

6.计算净现值时的折现率可以是( )。

A.投资项目的资本成本   B.投资的机会成本

C.社会平均资金收益率   D.银行存款利率

7.净现值计算的一般方法包括( )。

A.公式法   B.列表法   C.逐步测试法   D.插入函数法

8.下列说法中,正确的是( )。

A.在其他条件不变的情况下,提高折现率会使得净现值变小

B.在利用折现评价指标对同一个投资项目进行评价和决策时,会得出完全相同的结论

C.在多个方案的组合排队决策中,如果资金总量受限,则应首先按照净现值的大小进行排队,然后选择使得净现值之和最大的组合

D.若两个互斥方案的差额内部收益率大于基准收益率,则原始投资额大的方案为较优方案

9.已知甲、乙两个互斥方案的原始投资额相同,如果决策结论是无论从什么角度看甲方案均优于乙方案,则必然存在的关系有( )。

A.甲方案的净现值大于乙方案

B.甲方案的净现值率大于乙方案

C.甲方案的投资回收期大于乙方案

D.差额投资内部收益率大于设定折现率

10.下列说法中,正确的是( )。

A.当净现值等于零时,项目的贴现率等于内含报酬率

B.当净现值大于零时,现值指数小于零

C.当净现值大于零时,说明投资方案可行

D.当净现值大于零时,项目贴现率大于投资项目的内含报酬率

11.利用净现值法对投资项目进行评价的缺点是(　　)。

A.没有考虑资金时间价值

B.没有考虑项目投资计算期的全部现金净流量

C.当原始投资额不相等时,难以确定项目的优劣

D.不能反映投资项目的实际投资收益率

12.在下列项目投资决策评价指标中,其数值越大越好的正指标是(　　)。

A.净现值率 　　　　B.现值指数 　　　　C.内含报酬率 　　　　D.投资回收期

13.项目投资的动态评价指标主要包括(　　)。

A.净现值 　　　　B.净现值率 　　　　C.现值指数 　　　　D.内含报酬率

14.在项目投资决策评价指标中,采用内含报酬率法的优点是(　　)。

A.非常注重资金的时间价值

B.能反映投资项目的实际收益水平

C.不受行业基准收益率高低的影响

D.计算过程简便

15.影响期望报酬率的因素有(　　)。

A.无风险报酬率 　　B.风险程度 　　　　C.风险报酬率 　　　　D.市场利率

三、判断题

1.完整的项目投资计算期包括试产期和达产期。　　　　　　　　　　　　(　　)

2.投资总额就是初始投资,是指企业为使项目完全达到设计的生产能力、开展正常经营而投入的全部现实资金。　　　　　　　　　　　　　　　　　　　　(　　)

3.对于单纯固定资产投资项目来说,如果项目的建设期为0,则说明固定资产投资的投资方式是一次投入。　　　　　　　　　　　　　　　　　　　　　　(　　)

4.项目投资决策中所使用的现金仅仅是指各种货币资金。　　　　　　　(　　)

5.投资回收期是指以项目的现金净流量抵偿原始总投资所需要的全部时间。(　　)

6.投资利润率与投资回收期的共同缺陷是均没有考虑资金时间价值。　　(　　)

7.经营成本的节约相当于本期现金流入的增加,所以节约的经营成本属于现金流入量。　　　　　　　　　　　　　　　　　　　　　　　　　　　　　　(　　)

8.经营期某年的现金净流量=该年净利润+该年折旧。　　　　　　　　(　　)

9.投资项目评价所运用的内含报酬率指标的计算结果与项目预定的贴现率高低有直接关系。　　　　　　　　　　　　　　　　　　　　　　　　　　　　　(　　)

10.内含报酬率是使项目的获利指数等于1的折现率。　　　　　　　　(　　)

11.在通货膨胀率很低的情况下,公司债券的利率可以视为资金时间价值。(　　)

12.利率不仅包含时间价值,而且也包含风险价值和通货膨胀补偿率。　(　　)

13.在固定资产更新决策中,对于寿命不同的项目,不能对它们的净现值、内含报酬率及获利指数进行直接比较,此时可以采用最小公倍寿命法和年均净现值法。(　　)

14.付现成本是指不会引起现金流量变化的成本费用,如固定资产折旧等。（　　）

15.原始总投资是反映项目投资总体规模的价值指标,它等于原始总投资与建设期资本化利息之和。（　　）

16.当各个投资方案的投资额不相同时,净现值指标能够正确评价方案的优劣。（　　）

17.投资利润率的决策标准是,投资项目的投资利润率越高越好,低于无风险投资利润率的方案为不可行方案。（　　）

18.年均净现值法是把投资项目在寿命期内总的净现值转化为每年的平均净现值,并进行比较分析的方法。（　　）

19.付现成本是指不会引起现金流量变化的成本费用,如固定资产折旧等。（　　）

20.现金净流量,是指现金流入量减去现金流出量的差额。（　　）

四、计算题

1.风帆股份有限公司投资一工业项目需要原始投资130万元,其中固定资产投资100万元(全部为贷款,年利率为10%,贷款期限为6年),开办费投资10万元,流动资金投资20万元。建设期为2年,建设期资本化利息为20万元。固定资产投资和开办费投资在建设期内均匀投入,流动资金于第2年年末投入。该项目寿命期为10年,固定资产按直线法计提折旧,期满有10万元净残值;开办费自投产年份起分5年平均摊销。预计投产后第一年获10万元利润,以后每年递增5万元;流动资金于终结点一次收回。

要求:

(1)计算风帆股份有限公司项目的投资总额;

(2)计算项目投资计算期各年的现金净流量;

(3)计算项目(包括建设期)的静态投资回收期。

2.润发集团拟建造一项生产设备,预计建设期为1年,所需原始投资100万元于建设期起点一次投入。该设备预计使用寿命为4年,使用期满报废清理时残值为5万元。该设备采用双倍余额递减法计提折旧。该设备投产后每年增加净利润30万元。假定适用的行业基准折现率为10%。

要求:

(1)计算润发集团项目投资计算期内各年的现金净流量;

(2)计算该项目的净现值、净现值率、获利指数;

(3)利用净现值指标评价该投资项目的财务可行性。

3.地润公司有A、B、C、D四个投资项目可供选择,其中A与D是互斥方案,有关资料如表4-3所示:

表4-3　　　　　　　　　　地润公司项目投资方案

投资项目	原始投资	净现值	净现值率
A	120 000	67 000	56%
B	150 000	79 500	53%
C	300 000	111 000	37%
D	160 000	80 000	50%

要求：

(1)确定地润公司投资总额不受限制时的投资组合；

(2)如果投资总额限定为 50 万元，请为地润公司做出投资组合决策。

4.四而公司计划进行某项投资活动，有甲、乙两个备选的互斥投资方案，资料如下：

(1)甲方案原始投资 150 万元，其中固定资产投资 100 万元，流动资金投资 50 万元，全部资金于建设期起点一次投入，建设期为 0 年，经营期为 5 年，到期净残值收入为 5 万元，预计投产后年营业收入为 90 万元，年总成本为 60 万元。

(2)乙方案原始投资 200 万元，其中固定资产投资 120 万元，流动资金投资 80 万元。建设期为 2 年，经营期为 5 年，建设期资本化利息 10 万元，固定资产投资于建设期起点投入，流动资金投资于建设期结束时投入，固定资产净残值收入为 10 万元，项目投产后，年营业收入为 170 万元，年经营成本为 80 万元，经营期每年归还利息为 5 万元。固定资产按直线法折旧，全部流动资金于终结点收回。企业所得税税率为 25%。

要求：

(1)计算四而公司甲、乙方案各年的现金净流量；

(2)计算甲、乙两方案(包括建设期)的静态投资回收期；

(3)该企业所在行业的基准折现率为 10%，计算甲、乙方案的净现值；

(4)计算甲、乙两方案的年等额净回收额，并比较两方案的优劣。

5.康泰公司是一家上市公司，2017 年公司面临巨大挑战。公司管理层决定新建一个项目，预计投资 1 500 万元。其中，2017 年年初投资 1 000 万元，2018 年年初投资 500 万元。项目建设期为 2 年，生产经营期为 8 年，生产经营期各年现金净流量均为 500 万元，项目终结时可收回净残值 75 万元。假设基准折现率为 10%。

要求：

(1)计算项目各年现金净流量；

(2)计算项目净现值(NPV)；

(3)计算项目的获利指数(PI)；

(4)计算项目的平均报酬率(ARR)；

(5)评价项目投资可行性并说明理由。

 素质培养

【案例分析1】

鲍德温公司保龄球投资项目

鲍德温公司，始建于 1965 年，当时生产英式足球，目前是网球、棒球、美式足球和高尔夫球的领先制造商。鲍德温公司的管理层热衷于寻找一切能够带来潜在现金流量的机会。在 1996 年，鲍德温公司的副总裁米德斯先生发现了另外一个运动球类市场，他认为

其大有潜力并且还未被更大的制造商完全占领。这个市场是亮彩色保龄球市场,他相信许多保龄球爱好者认为时髦的式样比质量更重要。同时,他认为鲍德温公司的成本优势和能够利用其高度成熟的市场技巧的能力将使竞争者难以从中获利。

因此,在1997年下半年,鲍德温公司决定挖掘亮彩色保龄球的市场潜力。鲍德温公司向三个市场的消费者发出了问卷调查:费城、洛杉矶和纽黑文。这三组问卷调查的结果比预想的要好,支持了亮彩色保龄球能够获得10%～15%的市场份额的结论。当然,鲍德温公司的一些人对市场问卷调查的成本颇有微词,因为它高达250 000美元。

鲍德温公司现在开始考虑投资生产保龄球的机器设备。保龄球将在一幢靠近洛杉矶、由公司拥有的建筑物中生产。这幢空置的建筑加上土地的税后净价为150 000美元。至于资金来源,米德斯先生认为可以通过向银行贷款来解决。

米德斯先生和同僚一起分析该项投资。他把他的设想总结如下:生产保龄球机器设备的成本为100 000美元,5年后预计它的市场价值为30 000美元。该机器设备在使用寿命为5年的时间内年产量预计为5 000单位、8 000单位、12 000单位、10 000单位、6 000单位。第一年保龄球的价格为20美元。由于保龄球市场具有高度竞争性,米德斯先生认为相对于预测率为5%的一般通货膨胀率,保龄球的价格每年最多增长2%。然而,用于制造保龄球的塑胶将变得更昂贵,因此,制造过程的现金流出预计每年将增长10%。第一年的制造成本为每单位10美元。米德斯先生已确定,在鲍德温公司的应税收入基础上,保龄球项目适用的累进公司所得税税率为34%,有关保龄球项目的各年经营收入与成本如表4-4所示。

表 4-4　　　　　　　　　　鲍德温公司保龄球项目的经营收入与成本

年数	产量(单位)	价格(美元)	销售收入(美元)	单位成本(美元)	经营成本(美元)
1	5 000	20.00	100 000	10.00	50 000
2	8 000	20.40	163 200	11.00	88 000
3	12 000	20.81	249 720	12.10	145 200
4	10 000	21.22	212 200	3.31	133 100
5	6 000	21.65	129 900	14.64	87 840

注:1.价格每年增长2%;2.单位成本每年增长10%。

鲍德温公司认为它必须保持对营运资本的一定投资额。和其他制造类企业一样,鲍德温公司必须在生产和销售之前购买原材料并对存货进行投资,它还得为不可预见的支出保留一定的现金以作为缓冲,它的信用销售将产生应收账款。管理层认为对营运资本的各个项目的投资在第0年总计为10 000美元,在第2年和第3年分别投资6 320美元和8 650美元,而在第4年可收回3 750美元,其余在项目结束时收回。换言之,对营运资本的投资在项目周期结束的时候能够完全被抵补。

资本投资的折旧是基于《1986年税收改革法案》所规定的数量。在此法案下,对三年期、五年期和七年期的折旧安排如表4-5所示。按照美国国内税务局的规定,鲍德温公司将在5年内对它的投资进行折旧。因此,表中的中间一列适用于此种情形。

表 4-5	鲍德温公司保龄球项目的折旧		单位:美元
年　数	加收期分类		
	3 年	5 年	7 年
1	44 440	32 000	24 490
2	33 340	25 760	19 760
3	22 220	19 200	17 490
4		11 520	13 500
5		11 520	9 920
6			7 920
7			7 920
8			
总　计	100 000	100 000	101 000

要求:基于这些假设和米德斯先生的分析,试编制鲍德温公司的项目投资的现金流量表(所有的现金流量都假定为在年末发生)。

【案例分析 2】

康元葡萄酒厂的项目投资决策

康元葡萄酒厂是生产葡萄酒的中型企业,该厂生产的葡萄酒酒香纯正,价格合理,长期以来供不应求。为了扩大生产能力,康元葡萄酒厂准备新建一条生产线。

张晶是该厂的助理会计师,主要负责筹资和投资工作。总会计师王冰要求张晶搜集建设新生产线的有关资料,并对投资项目进行财务评价,以供厂领导决策。

张晶经过十几天的调查研究,得到以下有关资料:

(1)投资新的生产线需一次性投入 1 000 万元,建设期为 1 年,预计可使用年限为 10 年,使用直线法计提折旧,报废时无残值收入。

(2)购置设备所需的资金通过银行借款筹措,借款期限为 4 年,每年年末支付利息为 100 万元,第 4 年年末用税后利润偿付本金。

(3)该生产线投入使用后,预计工厂第 1～5 年的销售收入每年增长 1 000 万元,第 6～10 年的销售收入每年增长 800 万元,耗用的人工和原材料等成本为收入的 60%。

(4)生产线建设期满后,工厂还需垫支流动资金 200 万元。

(5)所得税税率为 25%。

(6)企业的资本成本率为 10%。

要求:为了完成总会计师交给的任务,请你帮助张晶完成以下工作。

(1)预测新的生产线投入使用后,该工厂未来 10 年增加的净利润。

(2)预测该项目各年的现金净流量。

(3)计算该项目的净现值,评价项目是否可行。

【案例分析3】

"双汇"与"春都"的融投资决策

曾经生产出中国第一根火腿肠的"春都第一楼",如今是人去楼空,落寞无声,而在几百里开外的双汇,厂内机器开足马力,厂外排着长长的等货车队。

春都与双汇,双双抓住了艰难的上市融资机遇,却催生出两种不同的结果,谜底何在?双汇和春都,几乎是前后脚迈入资本市场的。1998年年底,双汇发展上市,募集到3亿多元人民币,1999年年初,春都A上市,募集到4亿多元人民币。然而,从上市之初,春都和双汇的目的就大不相同:一个意图扩大主业,一个是为了圈钱还债。

春都新任董事长贾洪雷说,春都在上市之前,由于贪大求全,四处出击,已经背上了不少债务,上市免不了圈钱还债。春都集团作为独立发起人,匆匆地把春都A推上市,然后迫不及待地把募集的资金抽走。春都A上市仅3个月,春都集团就提走募股资金1.8亿元左右,以后又陆续占用数笔资金。春都集团及其关联企业占用的资金一部分用来还债,以弥补过去的资金窟窿,剩下的则盲目投入到茶饮料等非主业项目中。春都A被大量"抽血",到2000年年底终于力不能支,跌入亏损行业。

与春都不同,双汇希望凭借股市资金快速壮大主业。双汇发展董事长万隆说过,双汇使用募集资金有两条原则:一是股民的钱要"落地有声";二是不该赚的钱坚决不赚。他们信守承诺,把募集的资金全部投资到上市公司的肉制品及其相关项目上。上市3年间,双汇发展先后兼并了华北双汇食品有限公司,完成了3万吨"王中王"火腿肠技术改造,建设双汇食品肉制品系列工程,产业链条不断完善,产品得到更新,企业实力也随之增强。双汇集团和双汇发展的销售收入分别增加了30亿元和10亿元,投资者也得到了丰厚的回报。

要求:

(1)分析春都与双汇是如何运用从资本市场募集到的4亿多元和3亿多元人民币进行投资的?对各自公司的经营业绩有何影响?

(2)简要说明长期投资决策的重要性及其决策程序。

任务驱动

【工作任务】 项目投资决策

一、实训目的与要求

通过本任务的实训,学生加深对项目投资决策的基本程序和方法的理解和认识,进一步熟悉和掌握项目投资的目的,项目投资的现金流量的计算方法,项目投资决策的投资回收期、净现值、净现值率、现值指数和内含报酬率等指标的应用,以及影响项目投资的各个因素。要求学生能够运用项目投资决策的分析方法完成项目投资方案企划书。

二、能力目标

1.掌握项目投资决策的程序;

2.正确计算项目投资的现金净流量;

3.能够掌握非贴现指标和贴现指标的计算;

4.能够运用非贴现指标进行项目投资决策；

5.能够运用贴现指标进行项目投资决策；

6.能够撰写投资可行性分析报告。

三、实训地点与形式

1.实训地点：校内模拟实训室；

2.实训形式：模拟实践。

四、实训教学内容

1.能够掌握项目投资计算期、项目投资决策的程序；

2.能够分析项目现金流量的构成、准确计算项目现金净流量；

3.能够掌握非贴现指标和贴现指标的计算；

4.能够运用非贴现指标进行项目投资决策；

5.能够运用贴现指标进行项目投资决策；

6.能够撰写投资可行性分析报告。

五、实训资料

（一）长城公司现有五个项目，均为独立项目，其相关财务指标如表 4-6 所示，运用你所学过的项目投资有关理论，为长城公司选择可行性项目。

表 4-6　　　　　　　　长城公司项目投资方案

项目	A	B	C	D	E
投资额（万元）	800	1 000	1 300	1 500	1 900
项目期（年）	10	10	10	10	10
投资回收期（年）	4	3.5	7	6	5
净现值（万元）	−20	75	90	−100	190

（二）益民公司更新改造案例

益民公司有一台旧设备，现考虑更新设备，具体数据如下：

（1）旧设备账面净值为 45 万元，还可以使用 5 年，5 年后报废净残值为 5 万元；

（2）购买新设备需投资 60 万元，使用年限为 5 年，5 年后报废净残值为 8 万元；

（3）更换新设备后，每年可增加销售收入 8 万元，降低经营成本 0.5 万元；

（4）若现在出售旧设备可得到价款 38 万元；

（5）益民公司所得税税率为 25％，资本成本为 12％。

要求：请你运用差额内部收益率法做出是否更新设备的决策。

（三）济民公司项目投资决策

济民公司某工业项目需要原始投资 650 万元，其中固定资产投资 500 万元，开办费投资 50 万元，流动资金投资 100 万元，资金全部来源于银行贷款，年利率为 10％，每年年末支付利息 65 万元，经营期第 5 年年末偿还本金。建设期为 1 年，建设期发生与购建固定资产有关的资本化利息 50 万元。固定资产投资和开办费投资于建设期起点一次投入，流动资金于完工时垫支，即在第 1 年年末投入。该项目寿命期为 10 年，固定资产按直线法计提折旧，预计期满有净残值 50 万元；开办费在经营期前 5 年平均摊销；流动资金于终结点一次收回。该项目投产后每年获息税前利润为 250 万元，企业所得税税率为 25％。

要求：

（1）计算济民公司该项目各年现金净流量；

（2）计算济民公司投资回收期、净现值、现值指数和内含报酬率指标，并评价该项目是否可行。

（四）利民公司设备投资决策

利民公司拟投资 1 000 万元购置一台新设备，年初支付全部款项，新设备购入后可立即投入使用，使用年限为 5 年，预计净残值为 10 万元，按直线法计提折旧。新设备投产时需垫支营运资金 50 万元，设备使用期满时全额收回。新设备投入使用后，该公司每年新增净利润 102 万元，该项投资的必要报酬率为 10%。

要求：

（1）计算该项目原始投资额；

（2）计算新设备投入使用后各年的现金净流量；

（3）计算新设备购置项目的净现值（NPV）；

（4）计算新设备购置项目的获利指数（PI）；

（5）计算该项目的静态投资回收期（PP）；

（6）分析利民公司是否应该购置此设备。

六、实训教学要求

1.要求学生根据给定的资料，对投资项目进行基本的分析；

2.能通过对市场的调查分析，根据投资规模、经营管理措施等因素，估算项目的现金净流量；

3.会运用投资回收期、净现值、现值指数、内含报酬率等指标对项目进行财务决策；

4.能写出内容完整、目标明确、步骤严密、文字通顺、条理清晰、语言精练的投资计划书；

5.能在课堂讨论中踊跃发言，参与讨论。

七、实训教学组织和步骤

1.划分实践教学小组；

2.分析影响项目投资的有关因素；

3.计算各种方案的现金净流量；

4.计算项目投资方案分析评价指标；

5.对各方案进行决策；

6.小组之间进行课堂交流辩论，阐述各自方案；

7.完成项目投资企划书；

8.教师对项目投资企划书进行点评。

八、实训考核评价

1.项目投资的影响因素分析；

2.现金净流量的计算；

3.项目投资决策指标的计算，决策分析方法的运用；

4.项目投资企划书。

子项目二 证券投资管理决策

证券是指票面载有一定金额,代表财产所有权或债权,可以有偿转让的凭证,如债券、股票、短期融资券等。证券投资是指企业以购买股票、债券的方式或以现金、实物资产、无形资产等方式向企业以外的其他经济实体进行的投资,其目的是获取投资收益、分散经营风险、加强企业间联合、控制或影响其他企业。

一、证券投资的种类

根据证券投资的对象,将证券投资分为债券投资、股票投资、基金投资和组合投资。

二、证券投资风险与收益

(一)证券投资风险

证券投资风险主要来源于违约风险、利率风险、购买力风险、变现风险和期限性风险等方面。

(二)证券投资收益

证券投资收益是指证券投资中所获得的超过投入价值部分的收益,包括经常性收益和资本利得。证券投资的收益有绝对数和相对数两种表示方法,在财务管理中通常用相对数,即用收益率来表示。

1.短期证券投资收益率的计算

短期证券投资收益率的计算一般比较简单,因为期限短,所以一般不用考虑时间价值因素,基本的计算公式为

$$K = \frac{S_1 - S_0 + I}{S_0 \times N} \times 100\%$$

式中,K 为短期证券投资收益率;S_0 为证券买入价格;S_1 为证券卖出价格;I 为证券利息(股息)收入;N 为证券持有年限(到期年限)。

2.长期债券投资收益率的计算

企业进行长期债券投资,一般每年都能获得固定的利息,并在债券到期时收回本金或在中途出售而收回资金。长期债券投资收益率可按下列公式计算:

$$V = \sum_{t=1}^{n} \frac{I}{(1+K)^t} + \frac{F}{(1+K)^n}$$

式中,V 为债券的购买价格;I 为每年获得的固定利息;F 为债券到期收回的本金或中途出售收回的本金;K 为长期债券投资的收益率;n 为投资期限。

三、基金投资

基金投资是一种利益共享、风险共担的集合投资方式,即通过发行基金股份或受益凭证等有价证券,聚集众多不确定投资者的出资,交由专业投资机构经营运作,以规避投资

风险并谋取投资收益的证券投资工具。基金投资是以投资基金为运作对象的投资方式。

(一)投资基金的种类

投资基金的种类有很多,根据组织形态的不同,可分为契约型基金和公司型基金;根据变现方式的不同,可分为封闭式基金和开放式基金;根据投资标的不同,可分为股票基金、债券基金、货币基金、期货基金、期权基金、认股权证基金、专门基金等。

(二)投资基金的财务评价

基金也是一种证券,与其他证券一样,基金的内涵价值也是指在基金投资上所带来的现金净流量。

(三)基金回报率

基金回报率用以反映基金增值的情况,它通过基金净资产的价值变化来衡量。基金净资产的价值是以市场价值衡量的,基金资产的市场价值增加,意味着基金的投资收益增加,基金投资者的权益也随之增加。

(四)基金投资的优缺点

1.基金投资的优点

基金投资的最大优点是能够在不承担太大风险的情况下获得较高收益。原因在于投资基金具有专家理财优势和资金规模优势。

2.基金投资的缺点

(1)无法获得很高的投资收益。投资基金在投资组合过程中,在降低风险的同时,也丧失了获得巨大收益的机会。

(2)在大盘整体大幅度下跌的情况下,投资者可能承担较大的风险。

四、证券投资组合

证券投资组合是指在一定的市场条件下,由不同类型和种类,并以一定比例搭配的若干种证券所构成的一项资产。由于证券投资存在着较高的风险,而各种证券的风险大小又不相同,因此企业在进行证券投资时,不应将所有的资金都集中投资于一种证券,而应同时投资于多种证券。

(一)证券投资组合的目的

证券投资组合的目的在于将各种不同类型和种类的证券进行最有效的搭配,以保证在预期的收益率前提下使投资风险最小,或在既定的风险前提下使投资收益率最大。

(二)证券投资组合的收益与风险

1.证券投资组合的收益

证券投资组合的收益是指投资组合中单项资产预期收益率的加权平均数,其计算公式为

$$R_p = \sum_{i=1}^{n} W_i R_i$$

2.证券投资组合的风险

证券投资组合的风险可以分为两种性质不同的风险,即非系统性风险和系统性风险。

3.证券投资组合的策略

证券投资组合的策略主要有保守型策略、冒险型策略和适中型策略。

4.证券投资组合的方法

证券投资组合的方法很多,但最常见的方法通常有以下几种:

(1)选择足够数量的证券进行组合;

(2)投资组合三分法;

(3)把投资收益呈负相关的证券放在一起进行组合。

工作任务 1　债券投资决策

一、债券的价值

将债券投资未来收取的利息和收回的本金折为现值,即可得到债券的内在价值。债券的内在价值也称为债券的理论价格,只有债券价值大于其购买价格时,该债券才值得购买。

二、债券估价模型

1.债券估价基本模型

典型的债券是固定利率、每年计算并支付利息、到期归还本金。按照这种模型,债券估价的计算公式为

$$PV = \sum_{t=1}^{n} \frac{I_t}{(1+R_d)^t} + \frac{M}{(1+R_d)^n}$$

2.纯贴现债券估价模型

纯贴现债券是一种只支付终值的债券,也称为"零息债券",其估价的计算公式为

$$PV = \frac{F}{(1+R_d)^n}$$

3.平息债券估价模型

平息债券是指利息在到期时间内平均支付的债券。支付的频率可能是一年一次、半年一次或每季度一次等。平息债券估价的计算公式为

$$PV = \sum_{t=1}^{mn} \frac{I/m}{(1+R_d/m)^t} + \frac{M}{(1+R_d/m)^{mn}}$$

4.永久性债券估价模型

永久性债券是指没有到期日,一直定期支付固定利息的债券。英国和美国都曾发行过这种公债。对于永久性公债,政府通常都保留了回购债券的权力。永久性债券估价的计算公式为

$$PV = \sum_{t=1}^{\infty} \frac{I}{(1+R_d)^t} = I/R_d$$

三、债券投资的优缺点

债券投资的优点:本金安全性高;收入稳定性强;市场流动性好。

债券投资的缺点:购买力风险较大;没有经营管理权。

工作任务 2　股票投资决策

一、股票的价值

股票本身是没有价值的,仅是一种凭证。股票的内在价值由一系列的股利和将来出售股票时售价的现值构成。这种价值与现行市价比较,视其低于、高于或等于市价,决定是否买入、卖出或继续持有股票。

1.股利贴现基本模型

如果股东永远持有股票,只获得股利,是一个永续的现金流入,那么现金流入的现值就是股票的价值。其计算公式为

$$V = \frac{D_1}{1+R_s} + \frac{D_2}{(1+R_s)^2} + \cdots + \frac{D_n}{(1+R_s)^n}$$
$$= \sum_{t=1}^{\infty} \frac{D_t}{(1+R_s)^t}$$

2.短期持有、未来准备出售的股票股价模型

$$V = \frac{D_1}{1+R_s} + \frac{D_2}{(1+R_s)^2} + \cdots + \frac{D_T}{(1+R_s)^T} + \frac{P_T}{(1+R_s)^T}$$
$$= \sum_{t=1}^{T} \frac{D_t}{(1+R_s)^t} + \frac{P_T}{(1+R_s)^T}$$

3.零增长模型

$$V = \sum_{t=1}^{\infty} \frac{D}{(1+R_s)^t} = D/R_s$$

4.固定增长模型

$$V = \frac{D_0(1+g)}{R_s-g} = \frac{D_1}{R_s-g}$$

5.分阶段增长模型

第一步,计算出非固定增长期间的股利现值。

第二步,找出非固定增长期间结束时的股价,然后算出这一股价的现值。

在非固定增长期间结束时,公司的普通股已由非固定增长股转为固定增长股,所以可以利用固定增长股票的估价模型算出那时的股价,然后求其现值。

第三步,将上述两个步骤求得的现值加在一起,所得的和就是阶段性增长股票的价值。

二、股票投资的优缺点

股票投资是一种具有挑战性的投资,其收益和风险都比较高。股票投资相对于债券

投资而言,其优缺点如下:

1.股票投资的优点

(1)能获得较高的投资收益。普通股的价格虽然变动频繁,但从长期来看,优质股票的价格上涨的居多,只要选择得当,就能取得优厚的投资收益。

(2)能适当降低购买力风险。普通股的股利不固定,在通货膨胀比较高时,由于物价普遍上涨,股份公司盈利增加,股利的支付也随之增加。因此,与固定收益证券相比,普通股能有效地降低购买力风险。

(3)拥有经营控制权。普通股股东属于股份公司的所有者,有权监督和控制企业的生产经营情况。因此,要想控制一家企业,最好的方法就是收购这家企业的股票。

2.股票投资的缺点

股票投资的缺点主要是风险大,其原因有以下三点:

(1)求偿权居后。普通股对企业资产和盈利的求偿权居于最后。企业破产时,股东原来的投资可能得不到全额补偿,甚至一无所有。

(2)价格不稳定。普通股的价格受众多因素的影响,很不稳定。政治因素、经济因素、投资者的心理因素、企业的盈利情况、风险因素等,都会影响股票价格,这也使股票投资具有较高的风险。

(3)收入不稳定。普通股股利的多少,取决于企业的经营状况和财务状况,其有无、多少均无法律的保证,收入的风险也远远大于固定收益证券。

能力训练

一、单项选择题

1.证券投资组合能分散(　　)。

A.所有风险　　　　　B.市场风险　　　　　C.非系统性风险　　　　D.系统性风险

2.假定某项投资风险系数为1,无风险收益率为6%,市场平均收益率为10%,其必要收益率为(　　)。

A.15%　　　　　　B.25%　　　　　　C.16%　　　　　　D.26%

3.将两种完全正相关的证券组成投资组合时,该证券组合(　　)。

A.能适当地分散风险

B.不能分散风险

C.风险等于这两种证券风险的加权平均

D.可分散全部风险

4.将两种完全负相关的证券组成投资组合时,该证券组合(　　)。

A.能分散全部风险　　　　　　　　　B.不能分散风险

C.风险等于这两种证券风险的加权平均　　D.可分散部分风险

5.已知某种股票 β 系数等于2,说明该股票(　　)。

A.无风险　　　　　　　　　　　　　B.风险较低

C.与市场所有证券平均风险一致　　　　D.是市场所有证券平均风险的两倍

6.在证券投资中,因通货膨胀带来的风险是( )。

A.违约风险   B.利息率风险   C.购买力风险   D.经营风险

7.影响所有公司的因素引起的风险称为( )。

A.公司特有风险   B.市场风险   C.经营风险   D.财务风险

8.宏发公司发行面值为 1 000 元、票面利率为 10％、期限为 5 年、每年付息一次、到期还本的债券,市场平均收益率为 8％,其发行价格是( )元。

A.927.5   B.1 079.8   C.1 021.5   D.1 000

9.投资者甘愿冒风险投资,是因为( )。

A.风险投资可以使企业获利

B.风险投资可以使企业获得等于资金时间价值的报酬

C.风险投资可以获得高于资金时间价值的报酬

D.风险投资可以使企业获得报酬

10.下列选项中,不能通过证券组合分散的风险是( )。

A.非系统性风险   B.公司特别风险

C.可分散风险   D.市场风险

11.宏业公司 2017 年以 12 000 元的价格购入一张面值为 10 000 元的公司债券,该债券的期限为 5 年,票面利率为 10％,每年付息一次,计算债券到期收益率的近似结果是( )。

A.5.79％   B.5.45％   C.5.62％   D.4.12％

12.A 公司准备购买 B 公司发行的一种零成长股票,预计该股票的股利为每股 2 元,A 公司要求的投资报酬率为 16％。则 B 公司发行股票的内在价值为( )元。

A.11   B.11.5   C.12   D.12.5

13.下列选项中,会带来非系统性风险的是( )。

A.公司发生火灾   B.国家调整利率   C.通货膨胀   D.战争

14.宏利公司购买一种固定成长股票,该股票本年实际发放股利为每股 2 元,预计股利增长率为 15％,则该股票第 10 年的股利预期为( )元。

A.6.523   B.8.812   C.8.091   D.9.12

15.宏远公司准备购入优先股,预计该股票每股股利为 2 元,目前市场利率为 8％,则该股票的市场价值是( )元。

A.20   B.25   C.4   D.40

16.宏基公司 2017 年 10 月 1 日,投资 900 元购进一张面值为 1 000 元、票面利率为 10％、每年付息一次的债券,并于 2018 年 10 月 1 日,以 990 元的价格出售,该债券的投资收益率为( )。

A.10％   B.20％   C.21.1％   D.12.5％

17.天利公司普通股基年股利为每股 2 元,预计年股利增长率为 4％,期望的投资报酬率为 10％,计划在一年以后转让,预计转让价格为 12 元。则该普通股的内在价值为( )元。

A.12.8   B.12   C.14   D.16

18.鑫源公司持有甲、乙、丙三种股票的证券组合,其 β 系数分别为 1.0、1.5、2.0,三种股票在证券组合中所占的比重分别为 20％、30％和 50％,当前股票的市场收益率为 10％,无风险收益率为 5％。则该证券组合的期望报酬率为(   )。

A.21.5％　　　　　B.15％　　　　　C.16.5％　　　　　D.10％

19.下列选项中,符合基金投资优点的是(   )。

A.收入稳定性强

B.有经营管理权

C.购买力风险较高

D.在不承担太大风险的情况下获得较高收益

20.投资者因不能按一定的价格及时卖出有价证券收回现金而承担的风险是(   )。

A.违约风险　　　　　　　　　　B.期限性风险

C.流动性风险　　　　　　　　　D.购买力风险

二、多项选择题

1.证券投资的优点包括(   )。

A.本金安全性高　　　　　　　　B.收入稳定性强

C.市场流动性好　　　　　　　　D.拥有经营控制权

2.证券投资的种类包括(   )。

A.债券投资　　　　B.股票投资　　　　C.基金投资　　　　D.组合投资

3.决定债券发行价格的因素有(   )。

A.债券面值　　　　　　　　　　B.债券票面利率

C.市场利率　　　　　　　　　　D.债券期限

4.证券投资的风险包括(   )。

A.违约风险　　　　B.利率风险　　　　C.期限性风险　　　　D.变现力风险

5.根据变现方式的不同,基金可分为(   )。

A.封闭式基金　　　　　　　　　B.开放式基金

C.契约型基金　　　　　　　　　D.公司型基金

6.根据投资标的不同,基金可分为(   )。

A.股票基金　　　　　　　　　　B.债券基金

C.期货基金　　　　　　　　　　D.认股权证基金

7.证券投资组合策略包括(   )。

A.保守型策略　　　　B.冒险型策略　　　　C.激进型策略　　　　D.适中型策略

8.根据组织形态的不同,基金可分为(   )。

A.契约型基金　　　　B.公司型基金　　　　C.货币基金　　　　D.专门基金

9.下列公式中正确的有(   )。

A.风险收益率＝风险报酬系数×标准离差率

B.风险收益率＝风险价值系数×标准离差

C.投资总收益率＝无风险收益率＋风险收益率

D.投资总收益率＝无风险收益率＋风险报酬系数×标准离差率

10.证券投资组合的风险可分为（　　　）。

A.财务风险　　　　　　　　　　B.系统性风险

C.经营风险　　　　　　　　　　D.非系统性风险

11.股票投资的缺点主要有（　　　）。

A.购买力风险高　　　　　　　　B.收入稳定性强

C.求偿权居后　　　　　　　　　D.价格不稳定

12.债券投资的优点主要有（　　　）。

A.本金安全性高　　　　　　　　B.收入稳定性强

C.投资收益高　　　　　　　　　D.市场流动性好

13.基金投资的缺点主要有（　　　）。

A.无法获得很高的投资收益

B.在大盘整体大幅度下跌的情况下,投资者可能承担较大风险

C.能获得高额投资收益

D.投资基金在投资组合过程中,降低了投资风险

14.最常见的证券投资组合的方法有（　　　）。

A.把投资收益呈负相关的证券放在一起进行组合

B.按照行业、企业的不同进行证券投资组合

C.投资组合三分法

D.选择足够数量的证券进行组合

15.股票投资的优点包括（　　　）。

A.能够获得较高的报酬　　　　　B.能够适当降低购买力风险

C.拥有一定的经营控制权　　　　D.普通股的收入稳定

三、判断题

1.在通货膨胀率很低的情况下,公司债券的利率可以视同资金时间价值。（　　　）

2.若改变某种股票在证券投资组合中的比重,则会影响证券组合的风险及收益率。

（　　　）

3.投资债券主要是为了获取收益,而无权对债券的发行企业施加影响和控制。

（　　　）

4.在通货膨胀率较高的情况下,债券比股票能更好地规避购买力风险。（　　　）

5.利率不仅包含时间价值,而且也包含风险价值和通货膨胀补偿率。（　　　）

6.普通股投资与优先股投资相比,其投资风险较大,收益较低。（　　　）

7.债券的价格会随着市场利率的变化而变化。当市场利率上升时,债券价格下降;当市场利率下降时,债券价格上升。（　　　）

8.对股票进行估价时,准备短期持有的股票不需要考虑资金时间价值,而准备长期持有的股票需要考虑资金时间价值。（　　　）

9.当投资者要求的收益率高于债券票面利率时,债券价值会低于面值;当投资者要求的收益率低于债券票面利率时,债券价值会高于面值。（　　　）

10.从长期来看,公司股利的固定增长率(扣除通货膨胀因素)不可能超过公司的资本

成本。　　　　　　　　　　　　　　　　　　　　　　　　　　　　　　　（　　）

　　11.当股票报酬完全负相关时,所有的风险都能分散掉;而当股票完全正相关时,只能分散掉部分风险。　　　　　　　　　　　　　　　　　　　　　　　（　　）

　　12.基金的价值取决于目前能给投资者带来的现金流量,这种目前的现金流量用基金的交易价格来表示。　　　　　　　　　　　　　　　　　　　　　　　（　　）

　　13.平价发行的每年复利计息一次的债券,其到期收益率等于票面利率。　（　　）

　　14.在股票风险中,通过投资组合能被消除的部分称为可分散风险,而不能被消除的部分称为市场风险。如果组合中股票数量足够多,则任意单只股票的可分散风险都能够被消除。　　　　　　　　　　　　　　　　　　　　　　　　　　　　（　　）

　　15.基金单位净值是评价基金业绩最基本和最直观的指标。　　　　　　（　　）

四、计算题

　　1.华润公司欲投资购买债券,目前有三家公司债券可供选择:

　　(1)甲公司债券,面值为1 000元,期限为5年,票面利率为10%,每年年末付息一次,到期偿还本金,债券的发行价格为1 050元。若投资者要求的必要报酬率为8%,则甲公司债券的价值为多少元? 华润公司是否应该购买?

　　(2)乙公司债券,面值为1 000元,期限为5年,票面利率为10%,单利计息,到期一次还本付息,债券的发行价格为1 050元。若投资者要求的必要报酬率为8%,则乙公司债券的价值为多少元? 华润公司是否应该购买?

　　(3)丙公司债券,面值为1 000元,期限为5年,票面利率为10%,丙公司采用贴现方式发行,债券的发行价格为650元,到期还本。若投资者要求的必要报酬率为8%,则丙公司债券的价值为多少元? 华润公司是否应该购买?

　　2.前进公司发行债券,面值为1 000元,票面利率为10%,期限为5年,每年付息一次,到期一次还本。

　　要求:

　　(1)假设当前市场利率为8%,债券发行价格为1 020元,投资者是否愿意购买?

　　(2)假设投资者以1 020元的价格购买债券,并且持有到期,则到期收益率为多少?

　　3.盛达企业计划进行长期股票投资,企业管理层从股票市场上选择了两种股票:甲公司股票和乙公司股票,盛达企业只准备投资一家公司股票。已知甲公司股票现行市价为每股6元,上年每股股利为0.2元,预计以后每年以5%的增长率增长。乙公司股票现行市价为每股8元,每年发放的固定股利为每股0.6元。盛达企业所要求的必要报酬率为8%。

　　要求:

　　(1)利用股票估价模型,分别计算甲、乙两个公司的股票价值,并为盛达企业做出股票投资决策。

　　(2)计算盛达企业按照当前的市价购入(1)中选择的股票的持有期收益率。

　　4.投资者李海峰拟购买A公司的股票,预计该公司股票在未来三年内将高速增长,增长率为12%。三年后转为正常增长,增长率为5%。A公司最近支付的股利为每股2元,该投资者要求获得 10％的报酬率,请问该股票的内在价值是多少?

5.鸿发公司于 2017 年 8 月 10 日,以每张 1 080 元的价格购买 M 企业发行的利随本清的企业债券。该债券的面值为 1 000 元,期限为 2 年,票面利率为 10％,不计复利。购买时市场年利率为 8％,不考虑所得税。

要求:

(1)请你利用债券估计模型,评价鸿发公司购买此债券是否合算。

(2)如果鸿发公司于 2018 年 8 月 10 日将该债券以 1 130 元的市场价格出售,计算该债券的投资收益率。

 素质培养

【案例分析 1】

股票估价模型的应用

王宏是一名财务分析师,应邀评估百花商业集团建设新商场对公司股票价值的影响。王宏根据公司情况做了以下估计:

1.公司本年度净收益为 200 万元,每股支付现金股利 2 元,新建商场开业后,第 1 年、第 2 年的净收益均增长 15％,第 3 年增长 8％,第 4 年及以后将保持这一净收益水平;

2.公司一直采用固定支付率的股利政策,并打算今后继续实行该政策;

3.公司的贝塔系数为 1,如果将新项目考虑进去,贝塔系数将提高到 1.5;

4.无风险收益率(国库券收益率)为 4％,市场要求的收益率为 8％;

5.公司股票目前市价为 23.6 元/股。

王宏打算利用股利贴现模型,同时考虑风险因素进行股票价值的评估。百花商业集团的一位董事提出,如果采用股利贴现模型,则股利越高,股价也越高,所以公司应改变原有的股利政策,提高股利支付率。

要求:

(1)根据固定股利增长贴现模型,分析这位董事的观点是否正确。

(2)请你替王宏计算一下百花商业集团的股票价值。

(3)假设你是投资者,是否会购买百花商业集团的股票?

 任务驱动

【工作任务】 证券投资活动决策

一、实训目的与要求

证券投资主要是购买其他企业的债券、股票、基金等。社会上的炒股主要是指股票投资。本任务实训主要是让学生掌握债券估价和债券收益率的计算。股票估价和收益率的计算主要掌握零成长股票的估价模型和固定成长股票的估价模型。本任务的实质是资金时间价值理论在证券投资中的运用,要求学生灵活掌握资金时间价值公式,学会运用资金

时间价值理论解决经济生活中的实际问题。

二、能力目标

1.会收集、整理证券投资分析评价的相关资料；

2.掌握债券投资评价指标的计算；

3.掌握股票投资评价指标的计算；

4.能熟知证券投资组合的策略与方法；

5.能分析与计算证券投资组合的风险与收益率。

三、实训地点与形式

1.实训地点：校内模拟实训室；

2.实训形式：模拟实践。

四、实训教学内容

1.能熟知债券、股票等有价证券投资的基本知识；

2.能进行证券投资的收益评价；

3.能够掌握股票价值的评价；

4.能熟知证券投资组合的策略与方法；

5.能分析与计算证券投资组合的风险与收益率。

五、实训资料

（一）康泰公司债券投资案例

康泰公司 2017 年 1 月 1 日,购买面值为 100 万元、票面利率为 6％、期限为 3 年的债券,每年 12 月 31 日付息,当时市场利率为 8％。

要求：

(1)计算康泰公司该债券的价值。

(2)若该债券市价是 90 万元,是否值得购买?

(3)若康泰公司按(1)中计算的债券价值购入了该债券,并一直持有至到期日,则此债券的到期收益率是多少?

（二）跃进公司股票投资案例

跃进公司计划利用一笔长期资金投资购买股票。现有 A 公司股票和 B 公司股票可供选择,跃进公司只准备投资其中一家公司股票。已知 A 公司上年税后利润为 4 800 万元,上年现金股利发放率为 25％,普通股股数为 5 000 万股。A 公司股票现行市价为每股 3.5 元,预计以后股利每年以 5％的速度递增;B 公司股票现行市价为每股 8 元,上年每股股利为 0.9 元,B 公司采用固定股利政策。跃进公司所要求的投资报酬率为 12％。

要求：

(1)计算 A 公司股票上年每股股利。

(2)利用股票估价模型,分别计算 A、B 公司的股票价值,并为跃进公司做出股票投资决策。

(3)若跃进公司以每股 3.5 元的价格购买 A 公司股票 1 000 股,持有一年后以每股 5.3 元的价格卖出,在持有期间每股获得现金股利 0.2 元,则投资收益率为多少?

（三）胜利公司债券投资决策

胜利公司债券面值为 1 000 元，期限为 3 年，票面利率为 10％，每半年付息一次，到期还本，债券的发行价格为 950 元，投资者要求的必要报酬率为 12％。

要求：

（1）计算该公司债券的价值。

（2）分析投资者是否应该购买该债券。

六、实训教学要求

1.要求学生根据给定的工作任务和经济生活的基本常识，对工作任务进行基本的分析；

2.通过对证券市场的调查分析，对股票投资、债券投资和基金投资有基本的了解；

3.能运用复利现值、年金现值等指标对债券投资进行决策；

4.掌握零成长股票的估价模型和固定成长股票的估价模型，并对股票投资进行决策；

5.能在课堂讨论中踊跃发言，参与讨论。

七、实训教学组织和步骤

1.划分实践教学小组；

2.提前布置工作任务；

3.让学生以小组为单位调查股票、债券的种类、价格和指数；

4.每个实训小组认真研究工作任务，形成明确的方案；

5.各实训小组课上进行交流，阐述各自的观点；

6.实训指导教师进行现场点评。

八、实训考核评价

1.股票、债券投资的基本知识；

2.股票、债券估价模型和收益率的计算；

3.对股票、债券投资的分析能力和判断能力；

4.资金时间价值公式的灵活运用程度。

项目五

营运资本管理

 理论指导

一、营运资本

营运资本又称为循环资本,是指一个企业维持日常经营所需的资本,通常是流动资产减去流动负债后的差额。营运资本是扣除短期负债之后的剩余流动资产,具有较强的流动性,是企业日常生产经营活动的润滑剂和衡量企业短期偿债能力的重要指标。

营运资本的特点体现在流动资产和流动负债的特点上。流动资产投资具有如下特点:回收期短;流动性强;波动性大;具有并存性。流动负债筹资具有如下特点:速度快;弹性大;成本低;风险大。

营运资本持有政策有宽松的营运资本政策、紧缩的营运资本政策和适中的营运资本政策三种。

营运资本筹集政策有配合型筹资政策、激进型筹资政策和稳健型筹资政策三种。

二、现金管理

(一)企业持有现金的动机

企业持有现金的动机主要有交易动机、预防动机和投机动机。

(二)企业持有现金的成本

企业持有现金的成本主要有机会成本、管理成本、转换成本和短缺成本。企业的现金管理目标就是在资产的流动性和盈利性之间做出选择,以最低的持有成本获取最大的收益。

三、最佳现金持有量的确定

最佳现金持有量的确定方法有成本分析模式和存货模式。

(一)成本分析模式

成本分析模式是指通过分析持有现金的成本,寻找持有成本最低的现金持有量。这种模式主要考虑与现金持有量直接相关的机会成本和短缺成本。管理成本基本属于固定成本,与现金持有量的关系不大。

最佳现金持有量的具体计算,可以先计算出各种方案的机会成本、短缺成本和管理成本之和,再从中选择总成本之和最低的方案,即最佳现金持有量方案。

(二)存货模式

存货模式主要考虑机会成本和转换成本。使用存货的经济批量模型计算最佳现金持有量时,主要是对现金持有量的机会成本和转换成本进行权衡,寻求两项成本之和达到最低时的现金持有量。

某一时期的现金管理相关总成本(TC)的计算公式为

$$TC=(Q/2)\times K+(T/Q)\times F$$

求得最佳 Q 值,即

$$Q=\sqrt{2TF/K}$$

最佳现金管理相关总成本(TC)$=\sqrt{2TFK}$

四、现金的日常管理

(一)现金管理的有关规定

(1)现金的使用范围;

(2)库存现金限额;

(3)不得坐支现金;

(4)不得出租、出借银行账户;

(5)不得签发空头支票和远期支票;

(6)不得套用银行信用;

(7)不得保存账外公款,包括不得将公款以个人名义存入银行或保存账外现金等各种形式的账外公款。

(二)加强现金收支预算管理

企业在日常管理中还应当注意尽量使现金流入与现金流出发生的时间趋于一致、使用现金浮游量、加速收款、推迟应付款的支付。

五、应收账款管理

应收账款是指企业因销售产品、材料或提供劳务及其他原因,应向购货单位或接受劳务单位及其他单位收取的款项。

(一)应收账款的功能与成本

1.应收账款的功能

应收账款的功能是增加销售和减少存货。

2.应收账款的成本

应收账款的持有成本有机会成本、管理成本、坏账损失成本和现金折扣成本。因此，企业应该在发挥应收账款增强竞争力、扩大销售规模功能的同时，尽可能降低应收账款的持有成本，这就是应收账款管理的目标。

（二）信用政策的确定

企业信用政策主要包括信用标准、信用条件和收账政策三部分内容。

1.信用标准

信用标准是指企业同意向顾客提供商业信用所要求的最低标准。信用标准通常以预计的坏账损失率来表示。

2.信用条件

信用条件是指企业要求客户支付货款所提出的付款要求和条件，主要包括信用期限、折扣期限及现金折扣等。

（1）信用成本前收益

$$信用成本前收益＝销售量的增加×单位边际贡献$$

（2）信用成本

信用成本主要包括现金折扣成本、收账成本、应收账款机会成本和坏账损失成本，其中应收账款机会成本的计算公式为

$$应收账款机会成本＝维持赊销业务占用资金×资金成本率$$

$$维持赊销业务占用资金＝应收账款平均余额×变动成本率$$

$$应收账款平均余额＝年赊销额÷应收账款周转率$$

$$应收账款周转率＝360÷应收账款平均收账期$$

（3）信用成本后收益

$$信用成本后收益＝信用成本前收益－信用成本$$

3.收账政策

收账政策是指企业对各种逾期应收账款所采取的对策、措施以及准备为此而付出代价的策略。

（三）应收账款的日常管理

企业应加强对应收账款的日常管理工作，采取有力措施进行分析、控制，及时发现问题，采取相应对策。应收账款日常管理主要包括：加强对客户信用要求的审批管理；加强对应收账款的信息反馈管理；加强对应收账款的责任管理等。

六、存货管理

存货是指企业在生产经营过程中为销售或者耗用而储备的物资。在企业的流动资产中，存货所占比例较大，存货运用状况对企业的财务状况有很大影响。为了避免存货投资过大导致投资成本增加，或者出现存货短缺造成生产经营过程中断，影响企业的盈利能力，必须认真加强对存货的规划和控制。

（一）存货的功能与成本

1.存货的功能

存货的功能有保证生产、满足销售及预防功能。存货的成本一般有取得成本、储存成本和缺货成本。为保证生产经营的需要，企业应保持充足的存货。但是，存货的增加又会加大存货储存成本。因此，如何以最低的存货成本来满足生产经营需要，是存货持有量决策的基本目标。

2.存货的成本

企业保持一定数量的存货，就必然会付出一定的代价，即存货成本。存货成本一般有以下几项：

（1）取得成本

取得成本是指为取得某种存货而发生的成本，分为订货成本和购置成本。

①订货成本是指企业为组织进货而发生的费用，如办公费、差旅费、邮资、电报电话费、运输费等支出。订货成本中一部分与订货次数无关，如专设采购机构的基本开支等，称为固定的订货成本，用 F_1 表示，这类成本属于决策的无关成本；另一部分与订货次数有关，如差旅费、邮资、电报电话费等与订货次数成正比例变化，这类变动性订货成本属于决策的相关成本。每次订货的变动成本用 B 来表示；订货次数等于存货年需要量 A 与每次进货量 Q 之比。订货成本的计算公式为

$$订货成本＝订货固定成本＋订货变动成本$$
$$＝F_1＋A/Q×B$$

②购置成本是指企业为购买存货所支出的成本。购置成本一般与采购数量成正比例变化，它等于采购数量与单价的乘积。在订货总量既定的情况下，无论企业采购次数如何变化，存货的购置成本通常是保持相对稳定的（假设物价不变且无数量折扣），因而其属于决策的无关成本。企业在采购过程中，应货比三家，争取采购到质量好、价格低的材料物资，以降低购置成本。存货年需要量用 A 来表示，单价用 P 来表示，则购置成本为 AP。

订货成本加上购置成本就等于存货的取得成本。其计算公式为

$$取得成本＝订货成本＋购置成本$$
$$＝订货固定成本＋订货变动成本＋购置成本$$
$$＝F_1＋A/Q×B＋AP$$

（2）储存成本

储存成本是指在物资储存过程中所支付的各种仓储费、占用利息、搬运费、保险费、租赁费等。储存成本可以按照与储存数额的关系划分为变动性储存成本和固定性储存成本两类。

（3）缺货成本

缺货成本是指因存货不足而给企业造成的损失，包括由于材料供应中断造成的停工损失、成品供应中断导致延误发货的信誉损失及丧失销售机会的损失等。如果企业能够以替代材料解决库存材料供应中断之急，缺货成本便表现为替代材料紧急采购的额外开支。

（二）存货控制

存货控制的方法主要有存货经济进货批量控制法、存货储存期控制法、ABC 分类控制法和存货的适时制管理。

1.存货经济进货批量控制法

经济进货批量是指能够使一定时期存货的总成本达到最低点的进货数量。其计算公式为

$$经济进货批量(Q)=\sqrt{2AB/C}$$

$$经济进货批量的存货总成本(TC)=\sqrt{2ABC}$$

$$经济进货批量的平均占用资金(W)=\frac{QP}{2}$$

$$年度最佳进货批次(N)=\frac{A}{Q}$$

2.存货储存期控制法

存货储存期控制法是指根据存货的有关费用与存货储存时间的依存关系，通过控制存货储存时间，加速存货周转，实现存货管理目标的一种控制方法。其相关公式为

$$存货保本储存天数=\frac{毛利-固定储存费用-销售税金及附加}{每日变动储存费用}$$

$$存货保利储存天数=\frac{毛利-固定储存费用-销售税金及附加-目标利润}{每日变动储存费用}$$

3.ABC 分类控制法

ABC 分类控制法就是按照一定的标准，将企业的存货划分为 A、B、C 三类，分别实行分品种重点管理、分类别一般控制和按总额灵活掌握的存货控制方法。

ABC 分类控制法的基本原理是：将存货分为 A、B、C 三类。其分类的标准有两个：一是金额标准；二是品种数量标准。其中金额标准是最基本的，品种数量标准仅作为参考。

A 类存货金额巨大，品种数量较少；B 类存货金额一般，品种数量相对较多；C 类存货品种数量繁多，但价值较少。三类存货的金额之比大致为 A∶B∶C=0.7∶0.2∶0.1。

4.存货的适时制管理

存货的适时制管理又称零库存管理、看板管理系统，它起源于 20 世纪 20 年代美国底特律福特汽车公司推行的集成化生产装配线。

适时制管理的基本原理：制造企业事先与供应商和客户协商好，只有当制造企业在生产过程中需要原料或零件时，供应商才会将原料和零件送来，每当产品生产出来就被客户运走。这样，制造企业的存货数量才能减到最少，企业的物资供应、生产和销售形成连续的同步运转过程，消除企业内部存在的浪费，不断提高产品质量和生产效率。

一、单项选择题

1.下列选项中不属于流动资产特点的是（　　　　）。

A.形态的变动性　　　　　　　　B.数量波动大

C.获利能力强　　　　　　　　　D.投资回收期短

2.在一定范围内,下列不随现金持有量变动而变动的成本是( )。

A.机会成本 B.管理成本

C.短缺成本 D.转换成本

3.下列选项中属于持有现金的机会成本的是( )。

A.现金管理人员的工资 B.现金安全措施费用

C.现金被盗损失 D.现金的再投资收益

4.在确定最佳现金持有量时,成本分析模式和存货模式均需要考虑的因素是( )。

A.持有现金的机会成本 B.固定性转换成本

C.现金短缺成本 D.现金保管成本

5.最佳现金持有量的存货模式中,应考虑的相关成本主要有( )。

A.机会成本和转换成本 B.转换成本和短缺成本

C.机会成本和短缺成本 D.持有成本和短缺成本

6.企业信用评估的5C评估法中,( )因素是最重要的因素。

A.资本 B.品德

C.能力 D.抵押品

7.企业现金收支状况比较稳定,全年的现金需要量为200 000元,每次转换有价证券的固定成本为400元,有价证券的年利率为10%,则达到最佳现金持有量的全年转换成本是( )元。

A.10 000 B.20 000 C.30 000 D.40 000

8.企业因将资金占用在应收账款上而放弃其他方面投资,可获得的收益是应收账款的( )。

A.管理成本 B.机会成本

C.坏账成本 D.资本成本

9.某企业预测的年度赊销收入净额为3 600万元,应收账款收账期为30天,变动成本率为60%,资本成本率为10%,则应收账款的机会成本为( )万元。

A.10 B.6 C.18 D.20

10.下列与存货决策无关的成本是( )。

A.存货资金占用费 B.订货成本

C.仓库折旧 D.缺货成本

11.不适当地延长信用期限,会给企业带来的不良后果是( )。

A.降低应收账款的机会成本

B.引起坏账损失和应收账款费用的增加

C.使平均收账期延长

D.造成销售萎缩

12.下列选项中,属于应收账款机会成本的是( )。

A.客户资信调查费用 B.应收账款占用资金的应计利息

C.坏账损失 D.收款费用

13.对应收账款信用期限的叙述,正确的是( )。

A.信用期限越长,企业坏账风险越小

B.信用期限越长,表明客户享受的信用条件越优越

C.延长信用期限,不利于销售收入的增加

D.信用期限越长,应收账款的机会成本越低

14.下列选项中,不属于应收账款成本构成要素的是( )。

A.机会成本　　　　B.管理成本　　　　C.坏账成本　　　　D.短缺成本

15.计算经济进货批量的假设条件中不包括( )。

A.一定时期的进货总量可以准确预测　　　　B.存货进价稳定

C.存货耗用均衡　　　　D.允许缺货

16.在对存货实行 ABC 分类管理的情况下,A、B、C 三类存货的金额之比大致为( )。

A.0.7∶0.2∶0.1　　　　B.0.1∶0.2∶0.7

C.0.5∶0.3∶0.2　　　　D.0.2∶0.3∶0.5

17.在其他因素不变的情况下,企业采用积极的收账政策,可能会导致的后果是( )。

A.坏账损失增加　　　　B.应收账款投资增加

C.收账费用增加　　　　D.平均收账期延长

18.在计算存货保本储存天数时,下列选项中不需要考虑的因素是( )。

A.销售税金及附加　　　　B.每日变动储存费用

C.所得税　　　　D.固定储存费用

19.下列选项中,不属于信用条件构成要素的是( )。

A.信用期限　　　　B.现金折扣　　　　C.折扣期限　　　　D.商业折扣

20.企业全年耗用某材料 2 000 千克,该材料单价为 40 元/千克,一次订货成本为 50 元,年单位储存成本为 5 元/千克,则最佳进货批次为( )次。

A.10　　　　B.8　　　　C.9　　　　D.12

二、多项选择题

1.企业持有现金的动机有( )。

A.交易动机　　　　B.预防动机　　　　C.投资动机　　　　D.投机动机

2.企业持有现金的成本通常包括( )。

A.机会成本　　　　B.管理成本　　　　C.转换成本　　　　D.短缺成本

3.确定最佳现金持有量的存货模式考虑的成本主要有( )。

A.机会成本　　　　B.管理成本　　　　C.短缺成本　　　　D.转换成本

4.为了加强企业现金的支出管理,企业可运用的策略有( )。

A.力争现金流量同步　　　　B.加速收款

C.合理使用现金"浮游量"　　　　D.推迟应付款的支付

5.构成企业信用政策的主要内容有( )。

A.信用标准　　　　B.信用条件　　　　C.信用期限　　　　D.收账政策

6.在存货的 ABC 分类控制法中,对存货进行划分的标准有(   )。

A.存货的金额　　　　　　　　　　　B.存货的类别

C.存货的大小　　　　　　　　　　　D.存货的品种、数量

7.利用成本分析模式确定最佳现金持有量时,不需要考虑的因素有(   )。

A.持有现金的机会成本　　　　　　　B.现金短缺成本

C.现金与有价证券的转换成本　　　　D.管理成本

8.下列选项中,属于应收账款管理成本的有(   )。

A.坏账损失　　　　　　　　　　　　B.收账费用

C.客户信誉调查费　　　　　　　　　D.应收账款占用资金的应计利息

9.存货成本包括(   )。

A.购置成本　　　　B.订货成本　　　　C.储存成本　　　　D.缺货成本

10.与经济进货批量决策相关的成本有(   )。

A.变动订货成本　　　　　　　　　　B.变动储存成本

C.缺货成本　　　　　　　　　　　　D.购置成本

11.下列有关信用期限的表述中,正确的有(   )。

A.缩短信用期限可能增加当期现金流量

B.延长信用期限会扩大销售

C.降低信用标准意味着将延长信用期限

D.延长信用期限将增加应收账款的机会成本

12.与应收账款机会成本有关的因素有(   )。

A.应收账款平均余额　　　　　　　　B.变动成本率

C.销售成本率　　　　　　　　　　　D.资金成本率

13.提供比较优惠的信用条件,可增加销售量,但也会付出一定的代价,主要有(   )。

A.应收账款机会成本　　　　　　　　B.坏账损失

C.收账费用　　　　　　　　　　　　D.现金折扣成本

14.缺货成本是指由于不能及时满足生产经营需要而给企业带来的损失,主要包括(   )。

A.商誉(信誉)损失　　　　　　　　　B.延期交货的罚金

C.采取临时措施而发生的超额费用　　D.停工待料损失

15.在基本模型假设前提下确定经济进货批量时,下列表述中正确的有(   )。

A.随每次进货批量的变动,相关进货费用和相关储存成本呈反方向变化

B.相关储存成本的高低与每次进货批量成正比

C.相关进货成本的高低与每次进货批量成反比

D.年相关储存成本与年相关进货费用相等时的采购批量即经济进货批量

三、判断题

1.为保证企业生产经营所需要的现金,企业持有的现金越多越好。　　　　(   )

2.只要花费必要的收账费用,积极做好收账工作,坏账损失是完全可以避免的。

　　　　　　　　　　　　　　　　　　　　　　　　　　　　　　(   )

3.加速收款是企业提高现金使用效率的重要策略之一,因此,企业要努力把应收账款降低到最低水平。　　　　　　　　　　　　　　　　　　　　　　　　　（　　）

4.存货管理应该抓好两类,即 A 类和 C 类。　　　　　　　　　　　　（　　）

5.在年需要量确定的情况下,经济进货批量越大,进货间隔期越长。　　（　　）

6.能够使企业的订货成本、储存成本和缺货成本之和最低的进货批量是经济进货批量。　　　　　　　　　　　　　　　　　　　　　　　　　　　　　　（　　）

7.赊销是扩大销售规模的有力手段之一,企业应尽可能放宽信用条件,增加赊销量。　　　　　　　　　　　　　　　　　　　　　　　　　　　　　　　　（　　）

8.应收账款管理的总体评价指标,主要运用应收账款周转率和周转天数。　（　　）

9.制定合理的信用政策,是加强应收账款管理、提高应收账款效益的前提条件。

　　　　　　　　　　　　　　　　　　　　　　　　　　　　　　　　　（　　）

10.一般来讲,当某种存货品种数量比例达到 70% 时,可将其划为 A 类存货,进行重点管理和控制。　　　　　　　　　　　　　　　　　　　　　　　　　　　（　　）

11.保险储备的存在不仅会影响经济进货批量的计算,还会影响再订货点的确定。

　　　　　　　　　　　　　　　　　　　　　　　　　　　　　　　　　（　　）

12.一般而言,收账费用支出越多,坏账损失就越少,两者存在一定的线性关系。（　　）

13.存货的经济进货批量就是要使一定时期的储存成本和订货成本之和最低的进货批量。　　　　　　　　　　　　　　　　　　　　　　　　　　　　　　（　　）

14.运用成本分析模式确定最佳现金持有量时,主要考虑与现金持有量直接相关的机会成本和短缺成本。　　　　　　　　　　　　　　　　　　　　　　　　　（　　）

15.临时性短期负债不但要满足临时性短期资产的需要,还要满足一部分永久性短期资产的需要,有时甚至全部短期资产都要由临时性短期负债支持,这种筹资政策是稳健型筹资政策。　　　　　　　　　　　　　　　　　　　　　　　　　　　　　（　　）

16.一般来说,如果公司对营运资本的使用能够达到游刃有余的程度,则最有利的筹资政策就是报酬和风险相匹配的稳健型筹资政策。　　　　　　　　　　　　（　　）

17.配合型筹资政策是一种理想的、对企业有着较高资金使用要求的营运资本筹资政策。　　　　　　　　　　　　　　　　　　　　　　　　　　　　　　　（　　）

18.存货如果能够在保利期内售出,所获得的利润就是目标利润。　　　　（　　）

19.应收账款的成本是指持有应收账款的机会成本、管理成本和坏账损失。（　　）

20.企业持有现金资产需要负担一定的成本,其中与现金持有量关系最为密切的是机会成本和短缺成本。　　　　　　　　　　　　　　　　　　　　　　　　（　　）

四、计算题

1.金山公司现金收支状况比较稳定,预计全年(按 360 天计算)需要现金 150 000 元,现金与有价证券转换成本为每次 300 元,有价证券的年利率为 10%。

要求:

(1)计算金山公司最佳现金持有量。

(2)计算最佳现金持有量下的机会成本、转换成本、有价证券的交易次数及交易间隔期。

2.银山公司预测 2017 年下半年度(一年按 360 天计算)赊销额为 3 000 000 元,应收账款平均收账天数为 60 天,变动成本率为 60%,资本成本率为 10%。

要求:试计算该公司应收账款的机会成本。

3.崧山公司是一家商业企业,由于目前的收账政策过于严厉,不利于扩大销售,且收账费用较高,该公司正在研究修改现行的收账政策。现有甲和乙两个放宽收账政策的备选方案,有关数据见表 5-1。

表 5-1 崧山公司收账政策

项　目	现行收账政策	甲方案	乙方案
年销售额(万元)	2 400	2 600	2 700
年收账费用(万元)	40	20	10
所有账户的平均收账期(月)	2	3	4
所有账户的坏账损失率(%)	2	2.5	3

已知崧山公司的变动成本率为 80%,资本成本率为 10%。坏账损失率是指预计年度坏账损失和销售额的百分比。假设不考虑所得税的影响。

要求:崧山公司是否应该改变现行的收账政策? 如果要改变,那么应选择甲方案还是乙方案?

4.鑫山公司甲材料的年需要量为 3 600 千克,单位采购成本为 40 元/千克。每次订货成本为 200 元,单位材料的年储存成本为 4 元/千克。材料单价为 50 元/千克。

要求:计算甲材料的经济进货批量、最佳相关总成本、最佳进货批次及经济进货批量平均占用资金。

5.旺盛公司是一家商品流通企业,批进、批出商品共 1 000 件,该商品单位进价为 328 元/件(不含增值税),单位售价为 488 元/件(不含增值税),经销该批商品的一次性费用为 15 000 元。已知,该商品的进货款来自银行贷款,年利率为 9%,商品的月保管费用率为 6‰,流转环节的税金及附加为 5 200 元。一年按 360 天计算。

要求:

(1)计算该批商品的保本储存天数;

(2)如果旺盛公司要求获得目标利润为 50 000 元,计算该批商品的保利储存天数;

(3)如果该批商品在超过保利储存天数的 10 天后售出,计算该批商品的实际获利额;

(4)如果该批商品在超过保本储存天数的 1 天后售出,计算该批商品的实际亏损额。

6.兴盛公司是一家工业企业。由于目前的信用条件过于严厉,不利于企业扩大销售规模,该公司正在修改现行的信用条件。现有甲、乙两个放宽信用条件的备选方案。有关资料见表 5-2。

表 5-2 兴盛公司甲、乙两个信用条件备选方案

项　目	甲方案(N/30)	乙方案(2/30,N/60)
年赊销额(万元)	1 680	1 960
年收账费用(万元)	12.6	7.45
固定成本(万元)	30	36
坏账损失率(%)	2	3

已知兴盛公司的变动成本率为70%,资本成本率为10%。甲方案的平均收账天数为30天;在乙方案中,估计有50%的客户会享受现金折扣,有50%的客户会在信用期内付款。

要求:计算分析改变信用条件是否经济可行,并将计算结果填入表5-3中。

表5-3　　　　　　　　　兴盛公司甲、乙两个方案信用评价　　　　　　　单位:万元

项目	甲方案(N/30)	乙方案(2/30,N/60)	差异(乙-甲)
年赊销额	1 680	1 960	
边际贡献总额			
应收账款周转率(%)			—
应收账款平均余额			—
维持赊销业务所需资金			—
应收账款机会成本			—
应收账款管理成本			—
坏账损失			—
现金折扣			—
应收账款总成本			—
固定成本			—
信用成本后收益			

 素质培养

【案例分析1】

实达电脑公司如何确定合理的信用期限

实达电脑公司是1988年成立的,它主要生产小型及微型处理电脑,其市场目标主要定位于小规模公司。该公司生产的产品质量优良,价格合理,在市场上颇受欢迎,公司也迅速发展壮大起来,由起初只有几十万元资金的公司发展为拥有上亿元资金的公司。但是到了2016年,该公司有些问题开始呈现出来:该公司过去为了扩大销售,占领市场,一直采用比较宽松的信用政策,客户拖欠款项的余额越来越大,时间越来越长,严重影响了资金的周转,公司再投资不得不依靠短期负债及长期负债筹集资金。最后,2016年年末伴随着实达电脑公司负债率的升高,主要贷款人表示不同意进一步扩大债务。由于缺乏流动资金,该公司陷入了进退两难的境地,公司经理非常忧虑。情急之下,聘请高级内参,经过分析并采取以下行动:

公司过去二十余年的销售条件是"2/10,N/90",平均约半数的顾客享受折扣,但许多未享受折扣的顾客延期付款,平均收账期约为60天。2016年的坏账损失为500万元,收账费用为50万元。经过分析,认为该公司的信用政策需要提高其标准。于是将2017年的信用条件改变为"2/10,N/30",则发生了下列变化:

①销售额由原来的1亿元降为9 000万元;

②坏账损失减少为90万元;

③信贷部门成本减少至 40 万元；

④享受折扣的顾客由 50% 增加到 70%（假定未享受折扣的顾客也能在信用期内付款）；

⑥变动成本率为 60%；

⑦资金成本率为 10%。

要求：如果让你作为财务顾问，请分析以下问题，为 2017 年该公司应采用的新信用政策提出意见。

（1）该公司过去采用比较宽松的信用政策，其目的是什么？最终又给企业带来了什么后果？

（2）该公司采用新的信用政策带来的收益和成本分别是多少？请你选择较好的备选方案。

【案例分析 2】

东方公司如何确定现金折扣

东方公司经常向五洲公司购买原材料，五洲公司开出的付款条件为"2/10，N/30"。某天，东方公司的财务经理王洋查阅公司关于此项业务的会计账目，惊讶地发现，会计人员对此项交易的处理方式，一般是在收到货物后 15 天支付款项。当张扬询问记账的会计人员为什么不接受现金折扣时，负责该项交易的会计不假思索地回答道："这一交易的资金成本率仅为 2%，而银行贷款成本却为 12%，因此根本没有必要接受现金折扣。"

要求：针对这一案例对如下问题进行分析和回答。

（1）会计人员在财务概念上混淆了什么？

（2）丧失现金折扣的实际成本有多大？

（3）如果东方公司无法获得银行贷款，而被迫使用商业信用资金（即利用推迟付款商业信用筹资方式），为降低年利息成本，你应该向财务经理王洋提出何种建议？

【案例分析 3】

海尔集团财务共享模式下营运资金的管理

一、海尔集团概况

海尔集团创立于 1984 年，是全球大型家电第一品牌。30 年来，海尔始终以创造用户价值为目标，先后经历了名牌战略阶段（1984—1991 年）、多元化战略阶段（1992—1998 年）、国际化战略阶段（1999—2005 年）、全球化品牌战略阶段（2006—2012 年）及网络化战略阶段（2013 年至今）。

2007 年 5 月，为配合海尔"全球化"战略实施、实现跨越式发展，海尔集团组建了包括 IBM 咨询顾问、内部控制中心、系统实施顾问等在内的项目实施团队，并借集团流程再造的时机，启动了海尔集团全球财务共享服务中心的设计和实施项目。海尔财务共享中心为了实现"以最低成本为各成员单位提供最优质服务"的目标，从"SPORTS"（选址、流程、组织、政策法规、技术、服务）六个维度设计财务共享服务中心，以会计流程的重组为核心，完成了财务共享服务中心的组织、人员和信息平台的搭建工作。建成的海尔财务共享服务中心包括会计平台和资金平台两大部分,其组织设置完全遵循财务流程和业务流程,服务10大类流程以及120个子流程,涵盖了会计核算和资金管理的所有内容。

二、数据来源与收集

选择2007—2014年海尔集团公司以及其所在的"机械、设备、仪表"行业平均的营运资金管理绩效和财务共享服务相关数据进行分析。营运资金管理绩效相关数据,主要来源于中国企业营运资金管理研究中心数据平台,其余来源于巨潮资讯网和企业调研。

采用基于渠道管理的营运资金管理绩效评价体系,将营运资金重新分类:首先,将企业的营运资金划分为经营活动营运资金和理财活动营运资金;然后,根据营运资金在渠道中所处的环节和发挥的作用,将经营活动营运资金进一步划分为营销渠道的营运资金、生产(或内部经营)渠道的营运资金和采购渠道的营运资金,从而清晰地反映营运资金在渠道上的分布情况。

分渠道和分要素的海尔集团与其所在的"机械、设备、仪表"行业平均的营运资金管理绩效见表5-4、表5-5。

表5-4　　海尔集团与"机械、设备、仪表"行业分渠道的营运资金管理绩效对比表(2004—2014年)　单位:天

年份	采购渠道营运资金周转期		生产渠道营运资金周转期		营销渠道营运资金周转期		经营活动营运资金周转期(按渠道)	
	海尔	行业平均	海尔	行业平均	海尔	行业平均	海尔	行业平均
2004	14.34	—	1.07	—	44.86	—	60.27	—
2005	6.05	—	1.38	—	50.49	—	57.91	—
2006	−8.74	—	0.66	—	53.36	—	45.28	—
2007	−20.83	−43.54	0.8	22.92	43.85	108.12	23.82	87.50
2008	−19.82	−36.31	−3.76	25.74	46.33	114.81	22.75	104.24
2009	−36.48	−45.51	−11.02	29.81	46.72	129.92	−0.77	114.22
2010	−47.31	−23.05	−18.64	33.94	50.18	131.09	−15.77	141.97
2011	−59.50	−37.93	−18.58	26.67	55.35	124.73	−22.72	113.48
2012	−72.98	−43.04	−20.60	29.75	67.14	151.96	−26.45	138.67
2013	−84.38	−50.41	−22.82	30.10	78.81	166.35	−28.39	146.04
2014	−97.78	−60.29	−25.73	30.15	88.90	184.39	−34.61	154.25

表5-5　　海尔集团与"机械、设备、仪表"行业分要素的营运资金管理绩效对比表(2004—2014年) 单位:天

年份	存货周转期		应收账款周转期		应付账款周转期		经营活动营运资金周转期(按要素)	
	海尔	行业平均	海尔	行业平均	海尔	行业平均	海尔	行业平均
2004	17.20	—	41.28	—	6.79	—	51.68	—
2005	18.94	—	43.98	—	7.17	—	55.76	—

(续表)

年份	存货周转期		应收账款周转期		应付账款周转期		经营活动营运资金周转期(按要素)	
	海尔	行业平均	海尔	行业平均	海尔	行业平均	海尔	行业平均
2006	20.46	—	43.26	—	17.55	—	46.17	—
2007	28.21	116.04	32.78	97.55	31.23	98.63	29.76	114.96
2008	28.30	129.17	32.92	97.43	30.08	95.92	31.15	130.68
2009	20.01	116.92	44.33	122.28	43.80	98.52	20.54	140.69
2010	17.28	98.73	51.05	125.57	53.93	88.27	14.41	136.03
2011	25.14	96.21	51.51	123.47	69.97	87.56	6.68	132.07
2012	30.35	108.67	60.11	145.61	85.69	94.90	4.78	159.38
2013	30.01	106.67	74.38	149.79	97.68	97.57	6.71	158.90
2014	30.04	109.31	85.84	157.69	108.47	104.73	7.41	162.28

三、海尔财务共享中心的营运资金管理绩效分析

海尔各个阶段的营运资金管理绩效(按渠道和要素)如图5-1～图5-9所示。以下按照海尔财务共享中心的三个发展阶段,逐一考察不同阶段营运资金管理绩效。

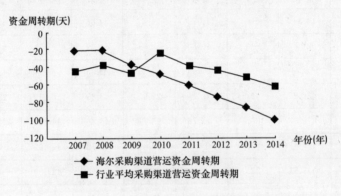

图 5-1　2007—2014 年采购渠道营运资金周转期趋势图

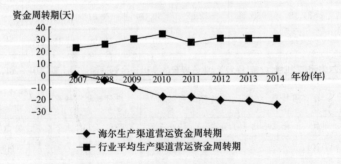

图 5-2　2007—2014 年生产渠道营运资金周转期趋势图

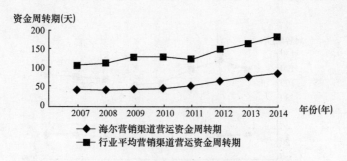

图 5-3 2007—2014 年营销渠道营运资金周转期趋势图

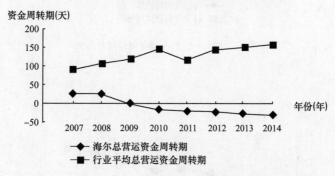

图 5-4 2007—2014 年总营运资金周转期(按渠道分)趋势图

（一）初创期（2007—2010 年）。将海尔财务共享初创期确定在 2007—2010 年，依据是：该期间，海尔集团主要完成财务共享中心平台搭建的基础工作，包括财务流程再造和财务管理标准化。

图 5-1 至 5-8 分别考察海尔分渠道和分要素的营运资金管理绩效，可以看出：在 2008 年，分渠道和分要素的营运资金管理绩效几乎均有小幅度的降低，之后两年得到提升。究其原因，在 2007 年海尔财务共享项目开始实施，实施初期其消极影响强于积极影响，所以导致营运资金管理绩效降低。积极影响主要表现为财务流程再造和财务管理标准化提高了会计核算效率，加快了企业资金流、信息流的流通速度，从而提升了营运资金管理绩效。从 2006 年开始，海尔开启财务流程再造，先物理集中总部所在地青岛地区各业务单元的核算中心，将重复性高、业务量大、标准化程度高的会计核算集中运营，后将共享的范围逐步扩大至青岛地区之外的业务单元。海尔从会计报告层面对性质一致的业务进行规范，统一会计数据、编码、流程及制度，并进一步设计会计核算的总流程、子流程及其相应的操作手册，从而为财务共享服务中心的设立打下坚实基础。消极影响主要体现在项目实施之初的不完善，与原有体系的融合问题以及员工对项目的接受程度。通过调研发现，在海尔财务共享实施过程中，员工心理变化是影响项目实施进度和效果的一个问题。如图 5-9 所示，在项目实施过程中员工也经历了心理变化：从初期不了解情况的盲目乐观转为反感和抵触情绪，到了解之后的尝试、接受和乐观情绪。为了应对初创期的这种情况，海尔财务共享中心提出了财务共享要突破的几大障碍，包括"认知障碍""资源障碍""激励障碍"和"制度障碍"，并采取相应的措施予以应对。

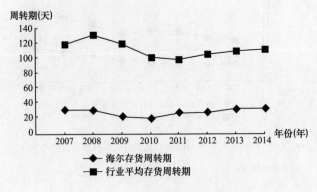

图 5-5　2007—2014 年存货周转期趋势图

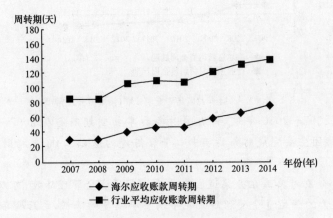

图 5-6　2007—2014 年应收账款周转期趋势图

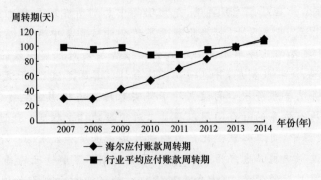

图 5-7　2007—2014 年应付账款周转期趋势图

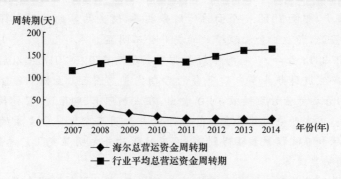

图 5-8　2007—2014 年总营运资金周转期(按要素分)趋势图

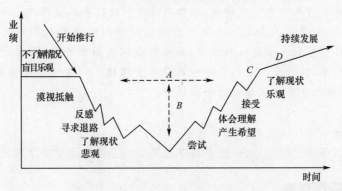

图 5-9　财务共享变革中员工心理变革图

(二)发展期(2011—2012 年)。将海尔财务共享发展期确定在 2011—2012 年,依据是:该期间,海尔集团主要实现财务共享中心的初运行,主要包括财务管理集中化阶段、财务共享信息平台试运行阶段和财务共享信息平台全面运行阶段。图 6-1 至图 6-8 分别考察海尔分渠道和分要素的营运资金管理绩效,可以看出:在发展期,分渠道的营运资金管理绩效逐年优化,且优于行业平均水平,但是分要素的营运资金管理绩效并没有明显改善,相反,在 2011 年开始出现轻微恶化。总体来说,在发展期,营运资金管理绩效得到了小幅度的提升。通过调研和分析,该时期营运资金管理绩效改善不明显,原因是:财务共享试点开始运行并在全公司推广,及财务共享的效用发挥都需要一个逐步释放的过程。首先是财务管理的集中化阶段。2011 年初,海尔集团总部从各子公司及分公司财务部门抽调财务人员正式成立海尔财务共享项目组,即"海尔财务共享中心"的雏形。随后,海尔财务共享项目组构建网络化的财务共享信息平台,既实现实时支持集团内不同子公司、不同地理位置成员单位的会计核算和资金管理,又为各级管理层决策提供财务信息。与此同时,财务共享项目组将 SAP 系统与构建的财务共享信息平台对接,并将其基础信息导入财务共享平台,从而实现与供应链系统等业务系统的对接。其次是财务共享信息平台的试运行阶段。海尔财务共享项目组采取试点先行、逐步推广的方式,首先选择青岛分公司进行试点,然后测试和检查财务共享信息平台的业务处理能力及流程运行情况。再次是财务共享信息平台的全面运行阶段。经过前期的试点运行后,财务共享服务在整个集团内全面推行,各子公司及分公司被依次纳入到集团财务共享服务中去,自此集团财务共享服务中心正式建立。也就是说,2011 年财务共享只在部分子公司实施,财务共享的效用波及范围较小,即便2012年全面推行财务共享,财务共享的效用发挥也需要一个逐步释放的过程,因此,营运资金管理绩效的提升并不明显。

(三)成熟期(2013至今)。将海尔财务共享成熟期确定在2013年以后,依据是:该期间,海尔集团主要完成财务共享中心平台的后期完善。图5-1至图5-8分别考察海尔分渠道和分要素的营运资金管理绩效,可以看出:在成熟期,采购渠道、营销渠道营运资金管理绩效得到改善,但生产渠道营运资金管理绩效并无明显变化。分要素的营运资金管理绩效中,存货管理和应收账款管理得到改善,应付账款并无明显变化。总体来说,营运资金管理绩效得到明显改善。

近几年,随着财务共享中心信息系统的不断升级,会计核算和资金管理的效率也不断提升,使得企业内部的人力和精力释放,从而共享中心得以在风险控制和业务支持等方面发挥更大作用。正如海尔集团主计长邵新智所说,"海尔的财务共享不仅是一种组织形式,更是一种能够强化企业管理控制能力、实现财务信息高效传递、降低企业经营和财务风险、优化资源配置、提升资源使用效率和效益的管理模式",这种管理模式的有效运作,必然会间接惠及营运资金管理绩效的全面提升。

要求:

(1)请你解释一下什么是财务共享服务。

(2)根据案例资料,请你归纳出财务共享服务影响企业营运资金管理绩效的机理。

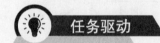

任务驱动

【工作任务】 企业营运活动管理

一、实训目的与要求

通过本任务实训,使学生熟悉营运资金的特点及管理原则;掌握现金持有的动机与成本;能够确定最佳现金持有量;掌握应收账款的成本构成;掌握制定应收账款信用政策的方法,并能根据企业实际情况正确制定应收账款信用政策。熟悉存货的功能与成本构成;掌握最佳经济订货批量的决策方法,合理确定不同情况下存货最佳经济批量;掌握存货存储期控制的决策方法。

二、能力目标

1. 能够运用成本分析模式、存货模式确定最佳现金持有量;

2. 能够独立设计企业内部现金管理制度;

3. 能够正确计算应收账款的机会成本;

4. 能独立制定应收账款收账政策;

5. 能对企业信用政策进行选择与决策;

6. 能计算存货的经济批量并在多种条件下应用;

7. 能控制存货的保本期和保利期;

8. 在实际工作中,运用ABC分类法对存货进行日常管理。

三、实训地点与形式

1. 实训地点:校内模拟实训室;

2. 实训形式:模拟实践。

四、实训教学内容

1.熟悉营运资金管理的基本要求；

2.理解现金管理持有的目的与内容,胜任现金的日常管理工作岗位；

3.能够进行最佳现金持有量的确定；

4.理解应收账款成本,并能够对收账政策进行信用分析；

5.能够完成企业应收账款信用政策的制定工作；

6.能够进行应收账款的日常管理；

7.掌握存货的成本；

8.能够进行存货最佳经济订货批量的确定；

9.能够胜任存货的日常管理工作。

五、实训资料

(一)宏宇公司在进行生产经营活动时,需要 A 存货,与库存有关的资料如下：

(1)宏宇公司 A 存货全年需要量为 300 000 千克；

(2)A 存货购买价格为每千克 160 元；

(3)存货每千克年变动性储存成本为其买价的 2%；

(4)每次订货费用是 300 元。

要求:(每年按 360 天计算)

(1)计算宏宇公司最佳经济订货批量；

(2)计算经济订货批量的存货总成本；

(3)计算经济订货批量平均占用资金是多少；

(4)计算年度最佳订货批次；

(5)计算最佳订货周期是多少。

(二)确定合理的信用期限

宏远公司 2017 年 A 产品的销售收入为 4 800 万元,总成本为 3 360 万元,其中固定成本为 720 万元。假设 2018 年该公司变动成本率维持在 2017 年的水平,现有两种方案的信用政策可供选择：

甲方案:给予客户 30 天的信用期限(N/30),预计销售收入为 6 000 万元,收账费用为 24 万元,坏账损失率为 2%；

乙方案:信用政策为(2/10,N/60),预计销售收入为 6 480 万元,估计有 40%的客户享受现金折扣,60%的客户不享受现金折扣。不享受现金折扣的货款的坏账损失率为该部分货款的 4%,收账费用为 50 万元。该公司 A 产品的销售额为 4 500~7 000 万元,资本成本率为 10%。

要求：

(1)计算宏远公司 2018 年的下列指标：

①变动成本总额；

②变动成本率。

(2)计算甲方案的应收账款相关成本。

(3)计算乙方案的应收账款相关成本。

(4)请你帮助宏远公司在甲、乙两个方案之间做出选择。

（三）如何确定现金折扣

宏泰公司要采购原材料,现有甲、乙两家供应商。甲供应商的信用条件为"2/10,N/45",乙供应商的信用条件为"1/20,N/60"。

要求:请你回答下列互不相关的三个问题。

(1)假如选择甲供应商,宏泰公司在 10～45 天之间有一个投资机会,投资回报率为25％,宏泰公司是应该享受现金折扣还是应该进行投资,请你为其做出决策。

(2)若宏泰公司准备放弃现金折扣,则其应该选择哪家供应商?

(3)若宏泰公司准备享受现金折扣,则其应该选择哪家供应商?

六、实训教学要求

1.利用报纸、杂志或网络等工具,收集有代表性的三家企业的信用政策方案;

2.在充分把握资料的基础上,对实训资料(二)中的信用政策进行详细分析(要求主题明确、分析有条理、文字精练。);

3.利用网络搜集企业现代存货管理模式,分析每种模式的优劣;

4.利用所学的财务会计知识,分析现金管理模式;

5.能在课堂讨论中踊跃发言,参与讨论。

七、实训教学组织和步骤

1.划分实践教学小组;

2.提前布置工作任务;

3.每个实训小组认真讨论工作任务,形成明确的方案;

4.各实训小组派出代表发言,在课上进行交流;

5.实训指导教师进行现场点评。

八、实训考核评价

1.库存现金、应收账款、存货管理的基本知识;

2.现金最佳持有量的确定、存货最佳经济订货批量的计算;

3.应收账款信用政策的制定;

4.运用营运资金管理知识解决实际问题的能力;

5.各小组的团结协作能力、沟通能力及表达能力。

收益分配管理

 理论指导

一、利润分配的概述

利润分配是指对企业净利润的分配。确定利润分配政策时,应考虑盈利状况、变现能力和筹资能力三个方面的内部因素,还应考虑法律上的限制、合同上的限制、投资机会的出现以及股东的意见等外部因素。

二、利润分配的原则

为合理组织企业的财务活动和正确处理企业的财务关系,企业在进行利润分配时,应遵循以下原则:

1.依法分配原则;

2.合理积累、适当分配原则;

3.各方利益兼顾原则;

4.投资与收益对等原则;

5.无利不分原则。

三、确定利润分配政策时应考虑的因素

影响利润分配政策的因素很多,可分为内部因素和外部因素。

(一)影响利润分配政策的内部因素

(1)盈利状况;

(2)变现能力;

(3)筹资能力。

（二）影响利润分配政策的外部因素

(1)法律上的限制；

(2)合同上的限制；

(3)投资机会的出现；

(4)股东的意见。

四、利润分配程序与股利分配方案

（一）非股份制企业的利润分配程序

根据《公司法》的有关规定,非股份制企业当年实现的利润总额应按国家有关税法的规定作相应的调整,然后依法缴纳所得税。缴纳所得税后的净利润除法律、行政法规另有规定外,按下列顺序进行分配。

(1)弥补以前年度的亏损；

(2)提取法定盈余公积金；

(3)向投资者分配利润。

（二）股份制企业的利润分配程序

对股份有限公司而言,在弥补以前年度亏损、提取法定盈余公积金之后,向投资者分配利润还需要按以下步骤进行：

(1)支付优先股股息；

(2)提取任意盈余公积金；

(3)支付普通股股利(企业应按已经确定的利润分配方案向普通股股东支付股利)。

（三）股利分配方案的确定

(1)选择股利政策；

(2)确定股利支付水平；

(3)确定股利支付形式(股利支付形式有现金股利、股票股利、财产股利和负债股利)；

(4)确定股利发放日期。

股份公司分配股利必须遵循法定的程序,先由董事会提出分配预案,然后提交股东大会决议,股东大会决议通过分配预案之后,向股东宣布发放股利的方案,并确定股权登记日、除息(或除权)日和股利支付日等。

五、股利理论

（一）股利无关论

股利无关论的代表是 MM 理论。

（二）股利相关论

(1)"在手之鸟"理论；

(2)信号传递理论；

(3)代理理论；

(4)税收效应理论。

六、股利政策

(一)剩余股利政策

剩余股利政策是指将股利的分配与公司的资本结构有机地联系起来，即根据公司的最佳资本结构测算出公司投资所需要的权益资本数额，先从盈余中留用，然后将剩余的盈余作为股利分配给所有者。在这种结构下，企业的加权平均资本成本最低，同时企业价值最大。

(二)固定或持续增长股利政策

固定或持续增长股利政策是指公司将每年发放的股利固定在一个固定的水平上，并在较长的时期内保持不变，只有当公司认为未来盈余会显著地、不可逆转地增长时，才提高年度的股利发放额。另外，当发生通货膨胀时，大部分公司的盈余会由于通货膨胀而表现为增长，对股东来说，每年固定不变的股利额则由于购买力下降相对降低。因此，股东要求公司增加股利的发放额，以弥补通货膨胀带来的影响。

(三)固定股利支付率政策

固定股利支付率政策是指公司先确定一个股利占净利润（公司盈余）的比例，然后每年都按此比率从净利润中向股东发放股利，每年发放的股利额都等于净利润乘以固定的股利支付率。这样，净利润多的年份，股东领取的股利就多；净利润少的年份，股东领取的股利就少。也就是说，采用此政策发放股利时，股东每年领取的股利额是变动的，其多少主要取决于公司每年实现的净利润的多少及股利支付率的高低。我国的部分上市公司采用固定股利支付率政策，将员工个人的利益与公司的利益捆在一起，从而充分调动广大员工的积极性。

(四)低正常股利加额外股利政策

低正常股利加额外股利政策介于稳定股利政策与变动股利政策之间，属于折衷的股利政策。该政策是指在一般情况下，企业每年只向股东支付某一固定的、金额较低的股利，只有在盈余较多的年份，企业才根据实际情况决定向股东额外发放较多的股利。但额外支付的股利并不固定，并不意味着企业永久地提高了原来规定好的较低的股利。如果额外支付股利后，企业盈余发生不好的变动，企业仍然可以只支付原来确定的较低的股利。低正常股利加额外股利政策尤其适用于盈利经常波动的企业。

七、股票股利、股票分割和股票回购

(一)股票股利

股票股利是企业以发放的股票作为股利的支付方式。股票股利并不直接增加股东的财富，不会导致企业资产的流出或负债的增加，但会引起所有者权益各项目结构的变化。发放股票股利后，如果盈利总额不变，普通股股数增加，则会引起每股收益和每股市价的下降。但股东所持股份的比例不变,每位股东所持股票的市场价值总额仍保持不变。

(二)股票分割

股票分割是将面额较高的股票分割成面额较低的股票的一种行为。分割后,面额按一定比例减少,同时股票数量按同一比例增加。

股票分割是在股票市价急剧上升,而企业又试图大幅度降低价格时使用的一种手段,其产生效果与发放股票股利相似。按国际惯例,把发放 25% 以下的股票股利界定为股票股利,而把发放 25% 以上的股票股利界定为股票分割。

(三)股票回购

股票回购是指股份公司出资,将其发行在外的股票以一定价格购回,并予以注销或库存的一种资本运作方式。

如果企业由净收益所产生的现金净流量很多,但缺少有利可图的投资机会的话,企业可采用股票回购或增加现金股利的方式分配给股东。企业回购的股票作为库存股保留,市场上流通的股票将因此而减少,每股收益将增加,从而导致股价上涨。来自股票回购的资本收益,在理论上应该等于企业多支付给股东的股利。

 能力训练

一、单项选择题

1.主要依靠股利维持生活的股东,最不赞成的公司股利政策是(   )。

A.固定或持续增长股利政策

B.固定股利支付率政策

C.剩余股利政策

D.低正常股利加额外股利政策

2.某公司原发行普通股 100 000 股,拟发放 15 000 股股票股利,已知发放股票股利前的收益总额为 345 000 元,则发放股票股利后的每股收益为(   )元。

A.3   B.3.2   C.4   D.4.2

3.有权领取本期股利的股东资格登记截止日期,称为(   )。

A.股利宣告日   B.股利支付日   C.除息日   D.股权登记日

4.下列股利政策中,(   )既可以维持股利的一贯稳定性,又可以使公司的资本结构达到目标资本结构,使灵活性与稳定性较好地结合,因而为许多公司所采用。

A.剩余股利政策   B.固定股利政策

C.稳定增长的股利政策   D.低正常股利加额外股利政策

5.股票分割的意义及影响不包括(   )。

A.树立公司发展的形象

B.稳定股价、减少股利支付

C.降低股价以吸引更多的投资者

D.若分割后每股股价或现金股利的下降幅度低于分割比例,则可以间接增加股东财富

6.某公司现有普通股20万股,市价总额为400万元,该公司宣布发放10%的股票股利,则发放股票股利后的每股市价为(　　)元。

A.18　　　　　　　　B.18.18　　　　　　　　C.20　　　　　　　　D.22

7.股利相关论认为(　　)。

A.股利支付率会影响公司的价值　　　　　　B.投资人并不关心股利的分配

C.股利支付率不会影响公司的价值　　　　　D.投资人对股利和资本利得并无偏好

8.比较而言,能使公司在股利发放上具有较大的灵活性的股利政策是(　　)。

A.剩余股利政策　　　　　　　　　　　　　B.固定股利支付率政策

C.低正常股利加额外股利政策　　　　　　　D.固定或持续增长股利政策

9.下列说法中,正确的是(　　)。

A.股票股利不会降低每股市价

B.股票股利会导致公司资产的流失

C.股票股利会增加公司财产

D.股票股利会引起所有者权益各项目的结构比例发生变化

10.下列关于股票分割的说法中,不正确的是(　　)。

A.股票分割会改变公司价值

B.股票分割会增加发行在外的普通股股数

C.股票分割会使普通股每股面额降低

D.股票分割会使每股盈余下降

11.为了保持理想的资本结构,使加权平均资本成本最低,企业应选择的股利分配政策是(　　)。

A.固定或持续增长股利政策　　　　　　　　B.固定股利支付率政策

C.剩余股利政策　　　　　　　　　　　　　D.低正常股利加额外股利政策

12.(　　)股利政策适合处于成长或成熟阶段的公司,而在公司的初创阶段或衰退阶段则不适合采用这种股利政策。

A.固定股利政策　　　　　　　　　　　　　B.稳定增长的股利政策

C.固定股利支付率政策　　　　　　　　　　D.剩余股利政策

13.蓝天股份有限公司2017年年末的普通股股数为5 000万股,实现净利润8 000万元。2018年最佳资本结构为负债资本占40%,股权资本占60%。2018年公司有一个投资项目,投资总额为10 000万元。该公司采用剩余股利政策,请计算其2017年分配的现金股利总额为(　　)万元。

A.2 000　　　　　　B.0.4　　　　　　　C.4 000　　　　　　D.0.8

14.股利支付与公司盈利能力相脱节的股利分配政策是(　　)。

A.剩余股利政策　　　　　　　　　　　　　B.固定股利政策

C.固定股利比例政策　　　　　　　　　　　D.低正常股利加额外股利政策

15.（　　）之后的股票交易,其交易价格可能有所下降。

A.股利宣告日 　　　　　　　　　　B.除息日

C.股权登记日 　　　　　　　　　　D.股利支付日

16.某企业在选择股利政策时,以代理成本和外部融资成本之和最小化为标准。该企业所依据的股利理论是(　　)。

A."在手之鸟"理论 　　　　　　　　B.信号传递理论

C.MM 理论 　　　　　　　　　　　　D.代理理论

17.昌盛公司提取了法定盈余公积、任意盈余公积后的净利润为 100 万元,公司的目标资本结构为 1∶1,假定该公司第二年投资计划所需资金为 80 万元,当年流通在外普通股是 100 万股,若采用剩余股利政策,昌盛公司该年度股东每股股利为(　　)元。

A.1 　　　　　　　B.0.6 　　　　　　　C.0.8 　　　　　　　D.2

18.长城公司为了稀释流通在外的普通股价格,对股东支付股利的形式应采用(　　)。

A.现金股利 　　　　　B.财产股利 　　　　　C.负债股利 　　　　　D.股票股利

19.最能体现"多盈多分,少盈少分,无盈不分"原则的股利政策是(　　)。

A.剩余股利政策 　　　　　　　　　　B.固定股利政策

C.固定股利支付率政策 　　　　　　　D.低正常股利加额外股利政策

20.在公司确定的最佳资本结构下,税后利润首先要满足项目投资所需要的股权资本,然后若有剩余才用于分配现金股利,这种政策是(　　)。

A.低正常股利加额外股利政策 　　　　B.稳定增长股利政策

C.固定股利支付率政策 　　　　　　　D.剩余股利政策

二、多项选择题

1.公司可选择的股利政策有(　　)。

A.剩余股利政策 　　　　　　　　　　B.固定或持续增长股利政策

C.低正常股利加额外股利政策 　　　　D.固定股利支付率政策

2.公司发放股票股利(　　)。

A.实际上是企业盈利的资本化

B.可使股东分享公司的盈余,而公司无须支付现金

C.每股盈余不变

D.能使企业财产的价值增加

3.股票分割的目的在于(　　)。

A.减少股利支付 　　　　　　　　　　B.吸收更多的投资者

C.降低每股盈余 　　　　　　　　　　D.树立企业发展的形象

4.下列说法中,正确的有(　　)。

A.股票股利不直接增加股东财富

B.股票分割会降低每股盈余

C.股票股利会增加公司的财产

D.股票股利与股票分割都会增加发行在外的普通股股数

5.股利支付方式有多种,常见的有( )。

A.现金股利   B.股票股利

C.财产股利   D.负债股利

6.下列关于固定或持续增长股利政策的说法中,正确的有( )。

A.这一政策有利于稳定股票的价格

B.这一政策有利于增强投资者对公司的信心

C.这一政策有利于树立公司的良好形象

D.这一政策具有较大的灵活性

7.股份有限公司向股东分配股利时,涉及的重大日期有( )。

A.股利宣告日   B.股权登记日   C.除息日   D.股利支付日

8.上市公司发放现金股利主要出于( )原因。

A.投资者偏好   B.减少代理成本

C.传递公司的未来信息   D.公司现金充裕

9.股票股利和股票分割的共同作用在于( )。

A.节约现金   B.公司股东权益总额发生变化

C.公司每股利润下降   D.公司股份总数发生变化

10.关于固定或稳定增长股利政策,下列说法中正确的有( )。

A.股利一般在较长的时间内保持在固定的水平上

B.这是理论上的股利政策,实务中一般不用

C.有利于增强投资者的信心

D.不会给公司带来财务压力

11.影响利润分配政策的内部因素有( )。

A.盈利状况   B.筹资能力   C.法律因素   D.变现能力

12.影响利润分配政策的外部因素有( )。

A.投资机会   B.法律因素   C.股东因素   D.盈利能力

13.上市公司发放股票股利后,不会( )。

A.改变股东的股权比例

B.增加公司的资产

C.引起公司每股盈余和每股市价发生变化

D.引起公司股东权益各项目结构发生变化

14.股票回购的方式有( )。

A.公开市场回购   B.议价回购

C.投标出价购买   D.竞价购买

15.采用低正常股利加额外股利政策的理由有( )。

A.有利于稳定股票价格

B.公司具有较大的灵活性

C.保持理想的资本结构,降低资本成本

D.吸引依靠股利度日的股东

16.一般来说,影响股利政策的主要因素有( )。

A.法律因素　　　B.行业因素　　　C.债务契约因素　　　D.股东因素

17.企业在进行利润分配时,应遵循的原则有( )。

A.依法分配原则　　　　　　　　B.兼顾各方利益原则

C.投资与收益对等原则　　　　　D.无利不分原则

18.股利相关理论的代表性观点主要有( )。

A.MM 理论　　　　　　　　　　B."在手之鸟"理论

C.信号传递理论　　　　　　　　D.代理理论

19.利润分配的基本程序为( )。

A.弥补以前年度亏损　　　　　　B.提取法定盈余公积

C.提取任意盈余公积　　　　　　D.向股东分配股利

20.公司进行股票回购的方式主要有( )。

A.要约回购　　　B.协议回购　　　C.债券回购　　　D.公开市场回购

三、判断题

1.除权日当天购入的股票也可以享受已宣布发放的股利。　　　　　　　( )

2.股票股利和股票分割不会改变公司的价值,也不会改变所有者权益各项目之间的金额和相互比例。　　　　　　　　　　　　　　　　　　　　　　　　　( )

3.企业发放股票股利会引起每股利润的下降,从而导致每股市价下跌,每位股东所持股票的市场价值总额也将随之下降。　　　　　　　　　　　　　　　　　( )

4.股票分割后,各股东持有股数增加,持有股数的比例和股票总价值不变。　( )

5.尽管股票股利与股票分割有相似之处,但是它们之间仍然存在差别,差别之一表现在股票股利不会改变股票面值,而股票分割会改变股票面值。　　　　　　　( )

6.发放少量的股票股利可使股东得到股价相对上升的好处。　　　　　　( )

7.公司分配现金股利的条件是只要盈利就可以分配。　　　　　　　　　( )

8.采用剩余股利分配政策的优点是有利于保持理想的资本结构,降低企业的综合资本成本。　　　　　　　　　　　　　　　　　　　　　　　　　　　　( )

9.在除息日之前,股利权从属于股票;从除息日开始,新购入股票的投资者不能分享本次已宣告发放的股利。　　　　　　　　　　　　　　　　　　　　　( )

10.收益经常波动的企业最适宜的股利政策是剩余股利政策。　　　　　( )

11.只要在股利发放之前购入股票的股东,就有权领取本次分配的股利。　( )

12.股利支付率是公司年度现金股利总额与净利润总额的比率,或者是公司年度每股股利与每股利润的比率。　　　　　　　　　　　　　　　　　　　　　( )

13.不同行业的股利支付率存在系统性差异。　　　　　　　　　　　　( )

14.固定股利政策,既可以维持股利的一贯稳定性,又可以使公司的资本结构达到目标资本结构,使灵活性与稳定性较好地结合,因而被许多公司采用。　　　　　( )

15.剩余股利政策比较适合于新成立的或处于高速成长阶段的企业。　　( )

四、计算题

1.康泰公司 2017 年实现的税后净利为 2 000 万元,若 2018 年的投资计划所需资金为

1 000万元,公司的资本结构为自有资金占60%,负债资金占40%。

要求:

(1)若公司采用剩余股利政策,则2018年年末可发放多少股利?

(2)若公司发行在外的股数为2 000万股,则每股股利是多少?

(3)若2018年公司决定将股利政策改为固定增长的股利政策,股利增长率为3%,投资者要求的必要报酬率为13%,试计算该股票的价值。

2.百花公司2018年资产总额为2 000万元,权益乘数为2,其权益资本均为普通股,每股净资产为10元,负债的年平均利率为10%。该公司2018年年初未分配利润为 -258万元(超过税法规定的税前弥补期限),当年实现营业收入8 000万元,固定成本 700万元,变动成本率为60%,所得税税率为25%。该公司按10%和5%的比例提取法定盈余公积和任意盈余公积。

要求:

(1)计算该公司2018年年末的普通股股数和年末权益资本;

(2)计算该公司2018年的税后利润;

(3)如果该公司2018年采取固定股利政策(每股股利1元),计算该公司本年提取的盈余公积和发放的股利额。

3.顺达公司年终利润分配前的股东权益项目资料如下:

股本——普通股(每股面值2元,200万股) 400万元

资本公积 160万元

未分配利润 840万元

所有者权益 1 400万元

股票的现行市价为35元/股。

要求:

(1)计划按每10股送1股的方案发放股票股利,并按发放股票股利后的股数派发每股现金股利0.2元,股票股利的金额按现行市价计算。计算完成这一分配方案后的股东权益各项目数额;

(2)若按1股换算2股的比例进行股票分割,计算股东权益各项目数额、普通股股数;

(3)假设利润分配不改变市净率,公司按每10股送1股的方案发放股票股利,股票股利按现行市价计算,并按新股数发放现金股利,且希望普通股市价达到每股30元,计算每股现金股利。

4.康顺公司的产品销路稳定,拟投资600万元,使其生产能力扩大20%。该公司想要维持目前45%的负债比率,并想继续执行20%的固定股利支付率政策。该公司今年的税后利润为300万元,为扩充上述生产能力,明年必须从外部筹措多少权益资本?

5.富康公司的权益账户如下:

普通股(每股面值5元) 500 000元

资本公积 300 000元

未分配利润 2 200 000元

股东权益总额 3 000 000元

股票的现行市价为 50 元/股。

要求：

(1)发放 10％的股票股利后,该公司的权益账户有何变化?

(2)股票按 1 股换算 2 股的比例分割后,该公司的权益账户有何变化?

6.顺达公司 2017 年度提取了法定盈余公积、任意盈余公积后的净利润为 800 万元,2018 年度投资计划所需资金 700 万元,公司的目标资本结构为自有资金占 60％,借入资金占 40％。

按照目标资本结构的要求,回答下列问题:

(1)若公司实行剩余股利政策,则 2017 年度可向投资者发放多少股利?

(2)若公司实行固定股利政策,2016 年支付固定股利 320 万元,2017 年利润净增 5％,则 2017 年该公司应向投资者支付多少股利?

(3)若公司采用固定股利支付率政策,每年按 40％的比例分配股利,2017 年利润净增 5％,则该公司应向投资者分配的股利为多少?

(4)若公司实行低正常股利加额外股利政策,规定当净利润增加 5％时,将净利润的 1％作为额外股利,2017 年顺达公司净利润增加 5％,则应支付的股利为多少?

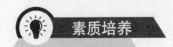

素质培养

【案例分析】

格力电器公司高现金分红政策对公司内在价值提升的影响

一、格力电器公司概况

格力电器公司,全称是珠海格力电器股份有限公司,是一家集研发、生产、销售、服务于一体的国际化家电企业,拥有格力、TOSOT、晶弘三大品牌,主营家用空调、中央空调、空气能热水器、手机、生活电器、冰箱等产品,2015 年在"福布斯全球 2 000 强"中排第 385 名,家用电器类全球排名第一。目前,格力电器公司拥有员工 7 万多名,产品远销 160 多个国家和地区。2005 年至今,格力家用空调产销量连续 10 年领先全球。2014 年,格力电器公司的营业收入为 1 400.05 亿元,净利润达 141.55 亿元。

二、格力电器公司上市以来的现金分红状况

格力电器公司自 1996 年上市以来,公司分红 19 次,累计分红金额为 219.40 亿元。重要年份的分红情况如表 6-1 所示。

表 6-1　　　　　　　　格力电器公司重要年份的分红情况一览表

年份	1998	2008	2009	2010	2011	2012	2013	2014
每股盈利(元)	0.65	1.68	1.03	1.52	1.86	2.47	3.61	4.71
每股分红(元)	0.4	0.3	0.5	0.3	0.5	1	1.5	3
分红比率	62％	18％	49％	20％	27％	40％	42％	64％
现金分红总额(亿元)	1.3	3.75	9.4	8.46	15.04	30.08	45.12	90.24

三、格力电器公司股票市场价值变化情况

格力电器公司于 1996 年 11 月 18 日上市,发行价为每股 2.5 元,开盘价为每股 17.5 元,以发行价计算,总市值为 1.9 亿元。截至 2015 年年底,格力电器公司总市值为 1 344.6 亿元,期间公司总市值一度突破 2 000 亿元。格力电器公司重要年份的市场价值如表 6-2 所示(统计数据为每年 12 月交易日的最后一天)。

表 6-2 格力电器公司重要年份的市场价值一览表

年份	1998	2008	2009	2010	2011	2012	2013	2014	2015
股价(元)	2.5	19.44	28.94	18.13	17.29	25.5	32.66	37.12	22.35
股本(亿股)	0.75	12.5	18.79	28.17	28.17	30.08	30.08	30.08	60.16
总市值(亿元)	1.9	243	543.8	510.7	487.1	767	982.4	1 116.6	1 344.6

格力电器公司重要年份的企业价值具体如表 6-3 所示:

表 6-3 格力电器公司重要年份的企业价值一览表

年份	1998	2008	2009	2010	2011	2012	2013	2014
企业内在价值(亿元)	3.99	358.37	431.24	754.24	792.25	1 247.75	1 757.98	2 181.07

四、高现金分红政策对格力电器公司企业价值提升效应的分析

根据前文分析,综合表 6-1、表 6-2 及表 6-3,可得表 6-4。

表 6-4 格力电器公司重要年份的指标及增长率一览表

年份	1998	2008	2009	2010	2011	2012	2013	2014
每股盈利(元)	0.65	1.68	1.03	1.52	1.86	2.47	3.61	4.71
每股盈利较上年增长率	—	—	−39%	48%	22%	33%	46%	30%
每股分红(元)	0.4	0.3	0.5	0.3	0.5	1	1.5	3
每股分红较上年增长率	—	—	67%	−40%	67%	100%	50%	100%
总市值(亿元)	1.9	243	543.8	510.7	487.1	767	982.4	1 116.6
总市值较上年增长率	—	—	124%	−6%	−5%	57%	28%	14%
企业内在价值(亿元)	3.99	358.37	431.24	754.24	792.25	1 247.75	1 757.98	2 181.07
企业内在价值较上年增长率	—	—	20%	75%	5%	57%	41%	24%

(一)格力电器公司现金分红与股票市场价值的对应关系分析

根据表 6-1 的数据,从现金分红的金额来看,1998 年格力电器公司的现金分红为 1.3 亿元,至 2014 年现金分红为 90.24 亿元,累计增幅为 68.4 倍。且 2011~2014 年,现金分红的增幅为 67%、100%、50%、100%,保持了很高的增长幅度。从现金分红的比率来看,除了 2006 年没有现金分红外,历年现金分红中比率最低的是 2008 年的 18%,在当时的次贷危机环境下,大部分企业陷入困境,18% 已属于较高的现金分红比率。总体来看,格力电器公司保持了比率和金额均很高且增长幅度较大的现金分红水平。

根据表 6-2 中的数据,格力电器公司的总市值自 1998 年以来基本保持了持续增长。从 1998 年至 2015 年年底,格力电器公司的总市值从 1.9 亿元增长到 1 344.6 亿元,增长了 706.7 倍,保持了超高的市值增长幅度。格力电器公司市值与现金分红保持了同步的持续高增长。

（二）格力电器公司股票总市值与企业内在价值的对应关系分析

据表6-2及表6-3可知,格力电器公司历年的企业内在价值都高于公司的股票总市值,截至2014年年底格力电器公司的总市值为1 116.6亿元,远低于2014年年底的企业内在价值2 181.07亿元。当然,这与当时A股市场遭遇了严重的股灾,导致公司股价大幅度非理性下跌有很大的关系。2012~2014年企业内在价值相比股票总市值分别溢价63％、79％、95％,说明未来格力电器公司股票总市值仍有较大的增长空间。格力电器公司股票总市值和企业内在价值增长的整体趋势较为一致。

（三）格力电器公司现金分红与企业内在价值的对应关系分析

根据表6-4可以得出,2011~2014年格力电器公司每股盈利保持在22％以上的增长,每股分红保持在50％以上的增长,2011年总市值负增长,之后3年保持在14％以上的增长,而企业内在价值除2011年保持在5％的增长外,其他年份均保持在24％以上的增长。

（四）高现金分红对格力电器公司的企业内在价值提升的影响

1.形成较高的品牌溢价

格力电器公司一直致力于打造世界一流的制造业百年老店,并掌握了世界领先水平的空调制造领域核心技术,有效提升了格力品牌的内在价值。而高现金分红的战略决策,对形成格力电器公司高品牌溢价起到了重要的作用。格力电器公司承诺尽量维持40％以上的高现金分红比率,该公司董事长董明珠也宣布,公司必须每年分红,并尽量高分红。历年投资者从分红中获得的收益已远远超出了股票的购入成本。以2014年为例,格力电器公司拿出了90.24亿元的现金分红,占税后净利润的64％,这表明了格力电器公司强大的现金创造能力赢得了广泛的市场赞誉,树立起国际一流品牌的良好形象。

2.吸引更多的长期投资者

格力电器公司奉行把投资者利益放在首位的政策,该公司董事长董明珠说她从不关心股价,但关心投资者的回报,每年必须给投资者高的分红。以2014年年底公司股价为例,每股为37.12元,每股现金分红为3元,收益率为8％,远远高于银行存款及国债长期利率。这种稳定而高额的回报,吸引了大批有眼光的战略投资者及中小长期投资者,而这些投资者又在公司决定未来发展的重大决策中,给公司管理层以巨大的支持,成为企业内在价值不断提升的最重要保障。

3.培育出一流的管理层团队

格力电器公司奉行的高现金分红战略,对公司在培养一流的管理层团队方面产生了重要的影响。格力电器公司自上市以来,累计分红219.40亿元,与众多只顾圈钱完全不回报投资者的上市公司形成了鲜明的对比。而这种一贯战略,必须要求公司的核心领导具有强烈的企业家意识,能始终把企业利益放在最重要的位置,并具有高超的管理能力及用人和培养人才的能力。格力电器公司董事长董明珠的传奇经历,是该公司具备培育出世界级企业家土壤的最佳证明,公司的技术骨干、中层干部乃至高层领导,大都是从基层提拔上来的。格力电器公司自己培育起来的核心骨干占研发团队总数量的20％以上,该公司被誉为家电行业的黄埔军校。

4.增强企业的长期盈利能力

一个企业内在价值不断增长的上市公司,必须具备较强的长期盈利和现金流的创造能力。格力电器公司的长期高现金分红战略,也促使该公司必须聚焦战略,把能创造更多长期盈利和现金流作为最重要的战略目标之一,这也为公司的长期稳定发展,企业内在价值的不断提升提供了坚实的基础。格力电器公司2012～2014年的现金分红为30.08亿元、45.12亿元、90.24亿元,巨额分红的背后是公司强大的盈利和现金流的创造能力。该公司资产负债率虽然超过70%,但负债中绝大部分为应付账款、预收账款和销售返利款项,不存在大的还款压力。截至2015年9月,格力电器公司长期负债只有4.2亿元,可以说长期债务压力极小,这也使得该公司可以在研发、扩大生产方面大力投入,这为公司创造更多盈利奠定了坚实的基础。

5.避免盲目多元化和更好地掌控风险

长期高现金分红的战略使得格力电器公司更加注重回报投资者。因而其掌控的资金更加有限,这就使其要选择最优的投资方案,避免盲目多元化或扩张,并有效减少公司管理层的非理性行为。同时,由于外部融资的增加,公司面临更严厉的监管,一方面有助于使公司行为更加理性,能够更好地防范风险,另一方面有利于公司的企业内在价值的长期稳定增长。格力电器公司立足于扎实做实业,一直对多元化持非常谨慎的态度,公司开展的多元化,如晶弘冰箱、大松小家电等,也都是围绕着公司拥有的核心技术和优势而展开的。而且公司的格力品牌专一用于空调等领域,很好地维护了格力的品牌形象。同时,格力电器公司建立起了严格的风控体系,长期负债率极低,且公司严控成本。这些都筑起了坚实的风险防范体系,并为公司企业内在价值的提升提供了重要保证。

要求:

(1)分析格力电器公司股票总市值与公司现金分红的关系。

(2)分析格力电器公司每股现金分红的增长和企业内在价值增长之间的依存关系。

(3)高现金分红对格力电器公司的企业内在价值提升的影响。

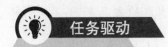
任务驱动

【工作任务】 利润分配方案的制订

一、实训目的与要求

通过本任务的实训,使学生对企业不同的股利政策及其优缺点有进一步的了解,把握股利政策与企业筹资、投资及其股票市场价值之间的关系,对不同股利政策的适用条件和影响因素有更深的理解。要求学生能够运用所学的股利分配政策,对企业股利分配方案进行分析,或根据企业具体情况设计股利分配方案。

二、能力目标

1.能正确分析影响收益分配政策的因素;

2.正确运用法律、法规分配利润;

3.能对企业股利政策进行正确分析与评价;

4.了解公司利润的形成过程;

5.掌握非股份公司和股份公司的利润分配程序；

6.会计算目标利润；

7.能够运用利润分配程序制订收益分配方案；

8.能正确分析股票股利、股票分割与股票回购对公司的影响。

三、实训地点与形式

1.实训地点：校内模拟实训室；

2.实训形式：模拟实践。

四、实训教学内容

1.掌握收益分配的基本原则；

2.熟悉在确定收益分配政策时应考虑的因素；

3.深刻理解股利理论；

4.掌握各种股利政策的基本原理、优缺点以及适用范围；

5.熟悉股利分配的程序；

6.熟悉股票分割与股票回购的含义、特点及作用；

7.能够为企业制订合理的利润分配方案。

五、实训资料

（一）剩余股利政策

达盛昌公司2017年支付股利279万元，2003～2017年该公司以10%的盈利增长速度持续增长。2017年税后利润为930万元。2018年预计盈利1 395万元，测算项目投资总额为1 200万元，预计2018年以后盈利会回落到10%的增长率。公司如采用不同的股利政策，请按照以下要求分别计算2018年的股利。

要求：

（1）如果股利按盈利的长期增长率稳定增长，请为达盛昌公司确定2018年的股利。

（2）如果维持2017年的股利支付率，请为达盛昌公司确定2018年的股利。

（3）如果达盛昌公司的目标资本结构为权益资金占70%，负债资金占30%，采用剩余股利政策，请为达盛昌公司确定2018年的股利。

（4）如果2018年达盛昌公司项目投资总额中的30%来自外部股权融资，30%来自负债融资，40%来自未分配利润，未进行投资的盈余全部用于发放股利，请为达盛昌公司确定2018年的股利。

（二）股利政策决策

昌盛公司发放股票股利前的股东权益结构如表6-5所示。

表6-5　　　　　　　　　　昌盛公司股东权益结构表　　　　　　　　单位：元

权益项目	金额
普通股（面值1元，已发行200万股）	2 000 000
资本公积	2 600 000
未分配利润	1 400 000
股东权益合计	6 000 000

假定该公司宣布发放10%的股票股利，该股票当时市价为5元/股。

要求：

(1)计算昌盛公司发放股票股利后股东权益总额。

(2)假定昌盛公司本年盈余为 4 000 000 元,王某持有 1 000 股普通股,市盈率不变,试填写表 6-6。

表 6-6　　昌盛公司股利发放前后股东权益情况表　单位:元

项　目	发放前	发放后
每股收益(EPS)		
每股市价		
持股比例		
所持股总价值		

六、实训教学要求

1.学生要利用报纸、杂志或网络等工具,收集有代表性的 3 家企业的利润分配方案;

2.学生还要了解分析对象除利润分配之外的其他资料,以便分析企业利润分配与企业筹资、投资和股票价格之间的依存关系;

3.在充分把握资料的基础上,写出对各企业股利政策的分析报告或根据企业具体情况设计适宜的股利分配方案(要求主题明确、条理清晰、文字精练,可以做全面分析,也可以就某一方面做深入分析);

4.能积极参与讨论,在课堂讨论中踊跃发言。

七、实训教学组织和步骤

1.划分实践教学小组;

2.利用报纸、杂志或网络等工具收集企业利润分配方案的资料;

3.收集企业筹资、投资和股票走势的资料;

4.分析企业股利政策的决定因素;

5.对企业的股利政策提出自己的看法和观点;

6.写出分析报告或为企业设计适宜的股利分配方案。

八、实训考核评价

1.影响企业股利政策的因素;

2.指出各种股利政策的优缺点及适用条件;

3.分析利润分配方案对企业生产经营的影响;

4.写出股利分配的案例分析报告。

项目七 财务预算与控制

 理论指导

一、财务预算

(一)财务预算的含义、分类和编制方法

1.财务预算的含义

财务预算是一系列专门反映企业在未来一定预算期内预计的财务状况、经营成果以及现金收支等价值指标的各种预算的总称。

2.财务预算的分类

财务预算按预算期的长短可分为长期预算和短期预算;按预算的内容可分为业务预算和专门预算;按编制方法可分为固定预算、弹性预算、零基预算、增量预算、定期预算和滚动预算等。

3.财务预算的编制方法

财务预算的编制方法有两种,即固定预算和弹性预算。

固定预算又称为静态预算,是指企业根据未来既定的业务量水平来编制预算的方法。预算编制后具有相对的稳定性,没有特殊情况不需要对预算进行修订,所以该方法适用于经济状况比较稳定的企业或非营利组织。

弹性预算又称为变动预算,是指企业在不能准确预测业务量的情况下,根据本量利之间有规律的数量关系编制的,能够适应不同生产经营水平所需要的预算方法。

(二)财务预算的编制

1.销售预算

销售预算是指通过对上年销售情况的分析并结合预期相关因素变化,根据企业预计年度的目标利润确定预计的销售量、销售单价和销售收入等编制的一种预算。销售预算的主要内容是预计销售量、预计销售单价和预计销售收入。

2.生产预算

生产预算是指为规划预算期生产规模而编制的一种业务预算。它是在销售预算的基础上编制的，包括预计销售量、预计期初和期末存货量及预计生产量。预计生产量的计算公式如下：

$$预计生产量＝预计销售量＋预计期末存货量－预计期初存货量$$

3.直接材料预算

直接材料预算是指为规划预算期直接材料消耗情况及采购活动而编制的，用于反映预算期直接材料的单位产品材料耗用量、生产需用量、预计期初和期末存量等信息的一种业务预算。生产需用量和预计采购量的计算公式如下：

$$生产需用量＝预计生产量×单位产品材料耗用量$$
$$预计采购量＝生产需用量＋预计期末存量－预计期初存量$$

4.直接人工预算

直接人工预算是反映预算期内人工工时消耗水平及人工成本开支的一种业务预算。预计人工总工时和预计人工总成本的计算公式如下：

$$预计人工总工时＝预计生产量×单位产品工时$$
$$预计人工总成本＝预计人工总工时×单位人工成本$$

5.制造费用预算

制造费用预算是指规划直接材料和直接人工预算以外的其他生产费用的一种业务预算。制造费用分配率的计算公式如下：

$$制造费用分配率＝\frac{制造费用}{相关分配标准预算}$$

6.产品成本预算

产品成本预算是反映预算期内产品生产成本水平的一种业务预算。它是生产预算、直接材料预算、直接人工预算和制造费用预算的汇总。

7.销售及管理费用预算

销售及管理费用预算是以价值形式反映整个预算期内为销售商品和维持一般行政管理工作而发生的各项费用支出的一种预算。销售费用和管理费用多为固定成本，销售费用预算可以和销售预算相结合，管理费用预算可以逐项预计。

8.现金预算

现金预算是以日常预算为基础而编制的反映现金收支情况的预算，包括现金收入、现金支出、现金多余或不足的计算，以及不足部分的筹集方式等。现金预算以其他预算为基础，是对相关预算中有现金收支部分的汇总。

（三）预计财务报表的编制

预计财务报表与实际财务报表不同，其主要是为企业财务管理服务，是控制企业资金、成本和利润总量的重要手段。它从总体上反映了预算期间企业经营的全局措施。

1.预计利润表

预计利润表与实际利润表的内容、格式相同，但目的不同，通过预计利润表，可以了解企业预算期的盈利水平。

2.预计资产负债表

预计资产负债表是在年初资产负债表的基础上,根据销售预算、生产预算、现金预算等相关预算的数据加以调整而编制的。编制预计资产负债表的目的在于判断预算反映的财务情况的稳定性和资产的流动性。通过对预计资产负债表的分析,若发现财务比率不佳,可及时采取措施。

二、财务控制

(一)财务控制的含义与种类

1.财务控制的含义

财务控制是指采用一定的程序和方式确保企业内部机构及其人员全面落实,实现对企业资金的取得、投放、使用和分配过程的控制。

2.财务控制的种类

财务控制按控制时间分为事前财务控制、事中财务控制和事后财务控制;按控制主体分为所有者财务控制、经营者财务控制和财务部门财务控制;按控制对象分为收支控制和现金控制;按控制手段分为绝对控制和相对控制。

(二)责任中心控制

为了能够进行有效的控制及内部协调,企业通常按"统一领导、分级管理"的原则,在其内部合理划分责任中心,也称为责任单位。根据企业内部责任中心的权限范围及业务活动的特点不同,责任中心可以分为成本中心、利润中心、投资中心三大类。

1.成本中心

一个责任中心,如果不考核其收入,而着重考核其所发生的成本和费用,这类责任中心称为成本中心。成本中心一般包括企业产品的生产部门、业务提供部门和管理部门。成本中心的类型有两种,即标准成本中心和费用中心。成本中心的考核指标主要包括成本(费用)降低额和降低率,计算公式如下:

$$成本(费用)降低额=预算责任成本(费用)-实际责任成本$$

$$成本(费用)降低率=\frac{成本(费用)降低额}{预算责任成本(费用)}\times100\%$$

$$预算责任成本(费用)=实际产量\times单位预算责任成本$$

2.利润中心

一个责任中心,如果能同时控制生产和销售,既对成本负责又对收入负责,但没有责任或权力决定该中心的资产投资水平,就可以根据其利润的多少来评价该中心的业绩,这类中心称为利润中心。利润中心分为自然利润中心和人为利润中心。

利润中心的考核指标主要有边际贡献、部门可控边际贡献、部门边际贡献和部门税前利润。计算公式如下:

$$边际贡献=部门销售收入-部门变动成本$$

$$部门可控边际贡献=边际贡献-部门可控固定成本$$

部门边际贡献＝部门可控边际贡献－部门不可控固定成本

部门税前利润＝部门边际贡献－公司管理费用

3.投资中心

如果一个责任中心,既要对成本和利润负责,又要对投资效果负责,则该责任中心为投资中心。投资中心的考核指标有投资利润率、剩余收益和现金回收率。计算公式如下:

$$投资利润率＝\frac{利润}{投资额}\times100\%$$

$$剩余收益＝利润－投资额\times预期最低投资收益率$$

$$现金回收率＝\frac{营业现金流量}{总资产}\times100\%$$

三、内部转移价格控制

(一)内部转移价格的含义

内部转移价格是指有利益关系的各企业之间、企业集团或公司内部各利润中心之间调拨产品或商品的结算价格,又称为"调拨价格"。内部转移价格一般由进货价格、流通费用和利润构成。

(二)内部转移价格的作用

(1)合理界定各责任中心的经济责任;

(2)有效测定各责任中心的资金流量;

(3)科学考核各责任中心的经营业绩。

(三)制定内部转移价格的原则

(1)全局性原则;

(2)公平性原则;

(3)自主性原则;

(4)重要性原则。

(四)内部转移价格的种类

(1)市场价格;

(2)以市场为基础的协商价格;

(3)变动成本加固定费用转移价格;

(4)全部成本转移价格。

 能力训练

一、单项选择题

1.为克服传统的固定预算的缺点,人们设计了一种适用面广、机动性强的预算方法,即( )。

A.弹性预算　　　　B.零基预算　　　　C.固定预算　　　　D.增量预算

2.对于任何一个成本中心来说,其责任成本应等于该中心的(　　)。

A.可控成本之和　　　　　　　　　　B.产品成本

C.固定成本之和　　　　　　　　　　D.不可控成本之和

3.生产预算是在(　　)基础上编制的。

A.直接材料预算　　　　　　　　　　B.产品成本预算

C.销售预算　　　　　　　　　　　　D.直接人工预算

4.预计人工总成本=(　　)×单位产品工时×单位人工成本。

A.预计生产量　　　　　　　　　　　B.预计销售量

C.预计工时量　　　　　　　　　　　D.预计材料消耗量

5.下列选项中,不包括在销售预算中的是(　　)。

A.预计销售单价　　　　　　　　　　B.预计销售量

C.预计销售收入　　　　　　　　　　D.年末存货

6.某企业编制直接材料预算,预计第一季度期初存量为1 100千克,预计生产量第一季度为1 200件,第二季度为1 500件,每件产品材料消耗量为5千克,假设企业期末存量为下季度生产量的20%,则直接材料预算的预计采购量为(　　)千克。

A.7 500　　　　　　B.6 400　　　　　　C.6 000　　　　　　D.5 500

7.对财务管理目标的实现起保证、监督作用的是(　　)。

A.财务预测　　　　B.财务决策　　　　C.财务控制　　　　D.财务预算

8.广告费、培训费等酌量性固定成本,对于生产部门来说是(　　),对管理部门来说是(　　)。

A.可控成本,不可控成本　　　　　　B.不可控成本,可控成本

C.可控成本,可控成本　　　　　　　D.不可控成本,不可控成本

9.人为利润中心通常采用(　　)指标进行考核。

A.可控边际贡献增减额　　　　　　　B.可控边际贡献总额

C.利润中心负责人可控利润额　　　　D.利润中心可控利润总额

10.在投资中心的主要考核指标中,既能使个别投资中心的利益与整个企业的利益统一起来,又能反映现金流量的指标是(　　)。

A.利润总额　　　　B.剩余收益　　　　C.现金回收率　　　　D.剩余现金流量

11.财务预算一般不包括(　　)。

A.现金流量预算　　　　　　　　　　B.利润预算

C.财务状况预算　　　　　　　　　　D.销售预算

12.成本中心的责任成本是(　　)。

A.可控成本　　　　B.不可控成本　　　　C.变动成本　　　　D.直接成本

13.增量预算的对称是(　　)。

A.静态预算　　　　B.滚动预算　　　　C.零基预算　　　　D.弹性预算

14.以产品在企业内部流转而取得"内部销售收入"为特征的利润中心是(　　)。

A.自然利润中心　　　　　　　　　　B.人为利润中心

C.整体利润中心　　　　　　　　　　D.分部利润中心

15.为了弥补投资利润率指标的某些不足,可采用( )作为评价投资中心业绩的指标。

A.贡献毛益总额　　　B.可控利润总额　　　C.公司利润总额　　　D.剩余收益

16.责任会计核算的主体是( )。

A.责任中心　　　　　B.产品成本　　　　　C.生产部门　　　　　D.管理部门

17.与滚动预算相对称的是( )。

A.静态预算　　　　　B.定期预算　　　　　C.零基预算　　　　　D.弹性预算

18.编制生产预算、成本预算、费用预算和现金预算的基础是( )。

A.弹性预算　　　　　B.销售预算　　　　　C.固定预算　　　　　D.增量预算

19.处于责任中心的最高层次,具有最大的决策权,承担最大责任的中心是( )。

A.成本中心　　　　　　　　　　　B.人为利润中心

C.自然利润中心　　　　　　　　　D.投资中心

20.企业的直接材料、直接人工和制造费用预算是依据( )直接确定的。

A.销售预算　　　　　B.财务预算　　　　　C.现金预算　　　　　D.生产预算

二、多项选择题

1.编制生产预算时,通常要考虑的因素有( )。

A.计划销售量　　　　　　　　　　B.期初存货量

C.期末存货量　　　　　　　　　　D.原材料采购价格

2.弹性预算是一种( )。

A.可变预算　　　　　B.固定预算　　　　　C.变动预算　　　　　D.确定性预算

3.销售预算的内容主要包括( )。

A.预计销售数量　　　　　　　　　B.预计销售价格

C.预计销售收款条件　　　　　　　D.预计销售收入

4.零基预算的优点有( )。

A.促使资源合理有效分配

B.可充分发挥各级管理人员的积极性、创造性

C.工作量小

D.不受以前发生费用水平的束缚

5.财务预算的编制方法有( )。

A.弹性预算　　　　　B.固定预算　　　　　C.全面预算　　　　　D.滚动预算

6.增量预算的缺点有( )。

A.受原有费用项目限制

B.滋长预算中的"平均主义"和"简单化"

C.不利于企业未来的发展

D.工作量大,编制时间较长

7.利润中心按其收入特征可分为( )等类型。

A.剩余利润中心　　　　　　　　　B.自然利润中心

C.人为利润中心　　　　　　　　　D.边际利润中心

8.下列选项中,属于投资中心主要考核指标的有(　　　　)。

A.可控成本　　　　　B.投资利润率　　　　　C.剩余收益　　　　　D.现金回收率

9.财务控制按控制主体不同可分为(　　　　)。

A.所有者财务控制　　　　　　　　　B.经营者财务控制

C.财务部门的财务控制　　　　　　　D.债权人的财务控制

10.成本中心的特点包括(　　　　)。

A.只对成本费用负责,不对收入负责

B.只对可控成本负责

C.既要对可控成本负责,也要对不可控成本负责

D.要对责任成本负责

11.财务预算按预算的编制方法分类,主要有(　　　　)。

A.定期预算　　　　　B.零基预算　　　　　C.增量预算　　　　　D.滚动预算

12.现金预算的主要内容包括(　　　　)。

A.现金收入　　　　　B.现金支出　　　　　C.现金余缺　　　　　D.现金调剂

13.根据编制预算的期间特性不同,预算编制方法可分为(　　　　)。

A.增量预算　　　　　B.定期预算　　　　　C.零基预算　　　　　D.滚动预算

14.为编制现金预算提供依据的预算有(　　　　)。

A.销售预算　　　　　　　　　　　B.预计现金流量表

C.成本预算　　　　　　　　　　　D.资本支出预算

15.企业预计财务报表包括(　　　　)。

A.预计利润表　　　　　　　　　　B.预计资产负债表

C.预计现金流量表　　　　　　　　D.预计财务状况变动表

三、判断题

1.能够克服固定预算缺点的预算方法是滚动预算。　　　　　　　　　　　(　　　)

2.生产预算是日常业务预算中唯一仅以实物量作为计量单位的预算,不直接涉及现金收支。　　　　　　　　　　　　　　　　　　　　　　　　　　　　(　　　)

3.采用公式法编制弹性成本费用预算只需列出各项成本费用的 a 和 b,就可以推算出业务量在允许范围内的任何水平上的各项预算成本。　　　　　　　　(　　　)

4.日常业务预算中的所有预算都能够同时反映经营业务的现金收支活动。　(　　　)

5.为了体现公平性原则,所采用的内部转移价格,双方必须一致,否则将有失公正。　　　　　　　　　　　　　　　　　　　　　　　　　　　　　　(　　　)

6.弹性预算的业务量范围一般限定在正常业务量能力的 70%～110%。　(　　　)

7.利润中心是指既对成本负责,又对收入和利润负责的责任中心,所以其必然是独立法人。　　　　　　　　　　　　　　　　　　　　　　　　　　　　　(　　　)

8.因为成本中心的范围最大,所以承担的责任也最大。　　　　　　　　　(　　　)

9.在编制零基预算时,应以企业现有的费用水平为基础。　　　　　　　　(　　　)

10.成本可控是相对于不可控而言的,责任层次越高,其可控范围越小。　　（　　）

11.财务预算是企业预算管理的一个分支,也是预算管理的核心部分。　　（　　）

12.定期预算适用于经济状况比较稳定的企业或部门。　　（　　）

13.零基预算不受现有费用项目和开支水平的限制,促使企业合理有效地进行资源分配,将有限的资金用在刀刃上。　　（　　）

14.增量预算容易使预算编制人员主观臆断,按成本项目平均削减预算或只增不减,不利于调动各部门降低费用的积极性。　　（　　）

15.销售预算是整个预算的出发点,其他预算都应以销售预算为基础。　　（　　）

四、计算题

1.天宇集团公司下设甲、乙两个投资中心,甲投资中心的投资额为 300 万元,投资利润率为 15%;乙投资中心的投资利润率为 18%,剩余收益为 12 万元,天宇集团公司要求的平均投资利润率为 12%。天宇集团公司决定追加投资 100 万元,若投向甲投资中心,每年增加利润 25 万元;若投向乙投资中心,每年增加利润 20 万元。

要求:

(1)计算追加投资前甲投资中心的剩余收益。

(2)计算追加投资前乙投资中心的投资额。

(3)计算追加投资前天宇集团公司的投资利润率。

(4)若甲投资中心接受追加投资,计算其剩余收益。

(5)若乙投资中心接受追加投资,计算其投资利润率。

2.预计天元商厦 2018 年空调的销售量为 8 000～12 000 台,销售单价为 2 880 元/台,单位变动成本为 2 380 元/台,固定成本总额为 1 800 000 元。

要求:根据上述资料以 1 000 件为销售量的间隔单位,编制该产品的弹性利润预算。

3.天雄公司设有甲、乙两个事业部,2017 年的营业利润和投资资料如表 7-1 所示:

表 7-1　　　　　天雄公司 2017 年的营业利润和投资资料表　　　　　单位:元

项目 \ 事业部	甲事业部	乙事业部
营业利润	55 000	131 250
投资额	250 000	750 000

若天雄公司的最低报酬率为投资中心规定的 14%。

要求:

(1)试用投资利润率指标来评价甲、乙两个事业部的业绩,通过计算,你认为哪个事业部较优?

(2)试用剩余收益指标来评价甲、乙两个事业部的业绩,通过计算,你认为哪个事业部较优?

(3)结合两个事业部原投资额的情况,你认为哪个指标的评价比较正确? 为什么?

4.利达公司 2018 年年初现金余额为 4 000 元,预计当年各季的现金收支情况如表7-2 所示:

表 7-2　　　　　　　利达公司 2018 年预计现金收支表　　　　单位:元

项目 \ 季度	一	二	三	四
现金收入	60 000	75 000	85 000	100 000
现金支出				
材料	35 000	32 000	28 000	30 000
人工	31 000	33 000	30 500	29 000
其他	24 000	22 000	21 000	25 000
购置固定资产	16 000			

该公司要求每季季末至少保留 10 000 元现金余额,现金不足向银行借款,借款年利率为 16%。假定借款在季初,还款在季末,借款利息按季支付。

要求:根据上述资料编制该公司分季度的现金预算表(表 7-3)。

表 7-3　　　　　　　　　利达公司现金预算表　　　　　　　单位:元

项目	季度 一	二	三	四	全年
期初余额					
现金收入					
现金支出					
材料					
人工					
其他					
购置固定资产					
现金余额					
银行存款					
归还银行借款					
支付利息					
期末余额					

素质培养

【案例分析 1】

宏发服装厂生产成本弹性预算的编制

宏发服装厂生产女套装,每套服装消耗布料成本 184 元,直接人工成本为 25.6 元/套,变动制造费用为 6.4 元/套,每年固定制造费用为 186 000 元,预计 2018 年生产 20 000 套,但市场波动较大,实际产量可能与预计产量发生偏差,故编制实际产量为预计产量的 90%~110%,即产量分别为 18 000 套、19 000 套、20 000 套、21 000 套和 22 000 套的弹性预算。

要求：

根据所学知识，编制宏发服装厂女套装生产成本的弹性预算，将有关数据填入表7-4中。

表7-4　　　　　　　宏发服装厂生产成本弹性预算表

生产能力(%)		90	95	100	105	110
产量(套)		18 000	19 000	20 000	21 000	22 000
成本项目(元)	单位成本	总成本	总成本	总成本	总成本	总成本
直接材料						
直接人工						
变动制造费用						
小计						
固定制造费用						
生产成本预算额						

【案例分析 2】

宏盛公司销售预算的编制

宏盛公司生产甲产品，预计 2018 年各季度销售量如下：第一季度为 15 000 件，第二季度为 18 000 件，第三季度为 16 000 件，第四季度为 22 000 件。预计甲产品销售单价为 380 元/件。预计期初应收账款余额为 1 995 000 元，预计 2018 年第一季度能全部收回。宏盛公司每季度的销售收入中，估计现销占 65%，赊销占 35%，赊销收入在下季度能全部收回。

要求：

请为宏盛公司编制 2018 年甲产品的销售预算，将有关数据填入表 7-5 中，并指出 2018 年年末应收账款余额。

表7-5　　　　　　　　　宏盛公司的销售预算表

项目 \ 季度	一	二	三	四	全年
预计销售数量(件) 销售单价(元/件)					
预计销售金额(元)					
预计现金收入(元) 期初应收账款 2017 年 12 月 31 日					
第一季度销售收入					
第二季度销售收入					
第三季度销售收入					
第四季度销售收入					
现金收入合计					

【案例分析 3】

宏利公司直接材料预算的编制

宏利公司生产甲产品,需要消耗乙材料,经测算 2018 年甲产品各季度产量分别为 1 800 件、1 600 件、2 000 件和 2 400 件,每件产品消耗乙材料 3.5 千克。其中,乙材料期末存量为下季度生产量的 10%。第一季度期初存量为 600 千克,第四季度期末存量预计为 900 千克。2018 年年初应付账款为 16 000 元,第一季度全部支付。预计乙材料采购单价为 5 元/千克,预计采购直接材料的货款在本季度支付 60%,下季度支付 40%。

要求:

根据所学知识,请为宏利公司编制乙材料采购预算,并预计宏利公司现金支出情况。将有关数据填入表 7-6 中,并预计 2018 年年末应付账款余额。

表 7-6　　　　　　　　　宏利公司乙材料采购预算表

季度 项目	一	二	三	四	全年
预计生产量(件) 单位产品消耗定额(千克/件)					
预计生产需用量(千克) 加:期末存量(千克)					
预计生产需用量合计(千克) 减:期初存量(千克)					
预计采购量(千克) 材料计划单价(元/千克)					
预计采购金额(元)					
预计现金支出(元) 期初应付账款 2017 年 12 月 31 日					
预计现金支出(元) 第一季度材料采购支出					
预计现金支出(元) 第二季度材料采购支出					
预计现金支出(元) 第三季度材料采购支出					
预计现金支出(元) 第四季度材料采购支出					
预计现金支出(元) 现金支出合计					

【案例分析 4】

滚动预算在跨国电梯制造企业中的应用

——基于 K 公司的案例分析

K 公司是世界上最大的电梯公司之一,于 1910 年成立,总部位于芬兰,是一家拥有一百年历史的工业工程公司,其始终将电梯和自动扶梯作为主营业务。经过百年的发展,目前业务遍及全球 50 多个国家。

预算管理是 K 公司管理的核心内容之一,随着公司规模的不断扩大,公司管理也逐步进入了战略管理的时代,预算管理具体操作方法也逐步成熟,传统的定期预算管理无法适应市场变化,难以全面反映连续不断的业务活动,而且不能给管理层提供长期计划,因此,从 2010 年开始,K 公司尝试启用滚动预算。

一、滚动预算的概念与分类

滚动预算又称连续预算或永续预算,是指在编制预算时,将预算期间看成 12 个月滚动的连续阶段,随着每个月的推进及预算的执行而不断延伸补充新的一个月的预算,逐期向后滚动,永不停止。滚动预算方法和其他预算相比,更侧重于经营管理,是全面预算管理有益而必要的补充。

滚动预算按照滚动的时间单位不同可分为逐月滚动、逐季滚动和混合滚动三种方式,即在预算编制过程中分别按月份、季度和月份加季度混合作为预算的编制和滚动单位,并在每月、每季度进行预算调整的方法。混合滚动预算方式的理论依据是:人们对未来的了解程度具有"对近期把握较大、对远期把握较小"的特征。

在实际工作中,K 公司采用的是混合滚动预算方式。

二、K 公司实施滚动预算的意义

滚动预算使 K 公司的财务核算与市场机制有机地结合起来。K 公司各级管理人员能始终保持 12 个月的考虑和规划,公司的经营管理工作稳定而有序,实施滚动预算是支持 K 公司管理层决策最有效的财务工具之一,其意义主要体现在以下几个方面:

1.滚动预算是 K 公司长期战略目标的必要补充。K 公司实施滚动预算就是要形成持续计划的工作思路和方法,使 K 公司管理者始终能对未来一定时期的生产经营活动做周详的考虑和全盘规划,保证企业的各项工作有条不紊地进行。滚动预算可以使 K 公司的短期、中期、长期计划有机结合,是 K 公司实现长期战略目标的必要补充。

2.有利于 K 公司加强预算的可控性。全面的季度和年度预算加上每月度必要的预算调整使 K 公司及时把握市场变化,根据市场需求调整相应的销售策略、成本策略及价格策略等。并且通过对每期的预算和实际状况的对比分析,可以更好地对实际经营活动进行监控,及时改进经营策略,避免失误,尤其在房地产和零售业风云不定的环境下,持续可更新的滚动预算保障了正确的公司战略和目标。

3.有利于 K 公司业绩考核目标的实现。根据滚动预算制定的科学合理的预算考核体系不仅可以正确反映公司的战略意图和自身优势,提高公司的核心竞争力,而且年度预算经过批准后,成为公司各部门以及员工业绩评价和激励制度的有效沟通和协调工具,经过层层分解和落实并已经量化的预算目标是一种公正客观和合理的激励及约束方式。

三、滚动预算在 K 公司的具体应用

K 公司的管理者提出了整个集团公司的战略目标为"缔造完美的客流体验"。为了更好地进行管理,集团公司将直接与各地客户联系的事业部整合为前线,而将专门生产电梯、扶梯的事业部整合为供应线。前线遍布于各地,供应线则分布在中国、美国、意大利等地。在 2010 年之前供应线采用的是传统定期预算,由于市场的变化及不确定性,竞争日益激烈,为了更好地把握市场变化,从 2010 年起,供应线总部要求各地供应线的预算方式均改为滚动预算。

1.滚动预算工作组架构

K 公司供应线总部财务部负责制定并下发滚动预算的目标和工作时间表。各地供应线财务部接受指令后协调各自供应线所属的生产线、物料资源部、质量部等部门组成预算工作组,预算工作组由财务部牵头(图 7-1)。

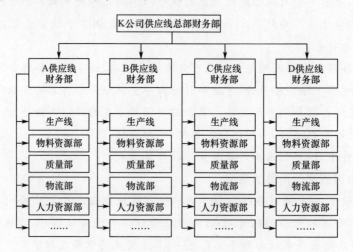

图 7-1　K 公司滚动预算组织架构图

2.滚动预算的假设基础

滚动预算的主要依据是市场变动的需求量。K 公司前线每天都需要统计电梯、扶梯订单量,分析订单量变化的影响因素,并随时与客户沟通,之后再做出订单量预测。然后,前线将预测的销售量细化为区域、规格等各方面的信息提供给供应线。供应线根据前线提供的数据并结合生产周期做出电梯、扶梯的产量预测,作为滚动预算的主要依据。此外,产品价格调整、集团总部分摊给供应线的成本、原材料价格变动、生产效率、通货膨胀影响、员工调薪比例及外币汇率波动等影响都将纳入预算更新的假设基础中。

3.滚动预算时间的界定

K 公司供应线滚动预算时间的界定分为三个层次(表 7-7)。以 2014 年为例,首先,在 2014 年 5 月,预算工作组根据前线提供的 2015 年至 2016 年订单量预测信息编制 2015～2016 年的供应线计划。其次,预算工作组在 2014 年各季度编制全面预算,第四季度编制 2015 年年度预算。即 3 月下旬编制 2014 年第二季度到 2015 年第一季度的预算;6 月下旬编制 2014 年第三季度到 2015 年第二季度的预算;9 月下旬编制 2014 年第四季度到 2015 年第三季度的预算;10 月至 12 月编制 2015 年 1 月至 12 月年度预算,用于 2015 年度考核。再次,预算工作组在 2014 年其他各月做前期预算的修正,即 1、2 月修正 2013 年第四季度编制的 2014 年预算;4、5 月修正 2014 年 3 月的预算;7、8 月修正 2014 年 6 月的预算。所有的上述过程都有实际发生状况参与比较。

表 7-7　　　　　　　　　K 公司供应线滚动预算时间安排表

内容＼时间	2014年第一季度			2014年第二季度			2014年第三季度			2014年第四季度			2015年第一季度		
	1月	2月	3月	4月	5月	6月	7月	8月	9月	10月	11月	12月	1月	2月	3月
2015～2016年两年计划															
季度全面预算，年度预算															
月度预算修正															

4.滚动预算的实务操作流程

首先，在季度全面预算及年度预算，供应线总部根据高层的策略及与前线沟通确认的销售信息，下发预算的目标和时间表给各地供应线。各地供应线根据总部的要求制定各自的目标和时间表。比如，物料资源部提供原材料降价计划及比例；生产线提供产能、固定资产投资、工人人数、加班比例；物流部提供仓储、运输和装卸的计划；质量部提供成本降低计划及比例；各生产及辅助支持部门提供该部门差旅、培训计划等。

其次，各部门将所有的数据、计划等上交财务部。财务部计算并汇总编制预算初稿，包含季度及滚动年度销售额和利润等财务数据、相关各部门的考核指标以及此次数据指标与上期预算和实际的对比分析报告，并提交给供应线管理层。

最后，供应线管理层对预算进行审议，提出修改意见，由财务部协调各相关部门重新调整个别项目预算，如此多次反复，直至最终的预算经供应线管理层审议通过。

5.预算的考核

经过各部门大约两到三个月的努力，年度预算的结果最终以财务数据及关键业绩指标（KPI）对外发布。对内为了对预算执行单位的预算完成结果进行检查、考核和评价，预算的财务数据及 KPI 将进行量化并细化到各部门，体现在各部门的平衡计分卡（Balance Score Card）中。部门负责人在每月度业绩汇报会议中须提供并分析本部门实际与预算情况的对比，进而汇总为年度业绩考核的依据。

要求：

（1）根据案例内容回答什么是滚动预算。

（2）根据上述材料，说出滚动预算在应用中需要注意的问题。

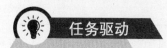 任务驱动

【工作任务】　企业财务预算和财务控制

一、实训目的与要求

通过本任务的实训，使学生理解全面预算管理的意义、作用，了解财务预算的编制程序、内容和方法，熟悉现金预算、预计财务报表的编制方法，并了解企业财务控制应具备的条件和原则，熟悉责任中心的划分标准和划分方法；要求学生能够运用所学的财务控制方法对企业经营过程进行控制和管理。

二、能力目标

1. 熟悉财务预算的种类;
2. 正确编制弹性预算;
3. 掌握零基预算的编制方法;
4. 掌握财务预算的编制;
5. 会编制现金预算;
6. 正确编制预计财务报表;
7. 会划分各种责任中心;
8. 能够正确计算成本中心、利润中心及投资中心考核指标;
9. 能运用成本中心、利润中心及投资中心考核指标实施财务控制;
10. 能够对企业各部门工作进行业绩考核。

三、实训地点与形式

1. 实训地点:校内模拟实训室;
2. 实训形式:模拟实践。

四、实训教学内容

1. 熟悉企业财务预算的种类和现金预算的编制过程;
2. 掌握财务预算和现金预算的编制方法;
3. 掌握财务控制中各责任中心的含义及考核指标的含义;
4. 掌握成本中心、利润中心和投资中心考核指标的计算;
5. 领会责任中心管理的理念;
6. 能正确划分企业利润中心与投资中心。

五、实训资料

(一)财务预算的编制

天力公司生产和销售 A 产品,计划期 2018 年四个季度的预计销售数量分别为 1 200 件、1 500 件、1 600 件和 2 800 件,A 产品预计单位售价为 320 元/件。假设 2018 年每季度销售收入中,本季度收到现金 50%,下个季度收到 40%,另外 10% 要到下下个季度才能收回,上年年末应收账款余额为 38 400 元(假定在 2018 年第一季度全部收现)。

要求:

(1)编制 2018 年销售预算表(表 7-8)。

表 7-8 销售预算表

项目　　　　　　季度	一	二	三	四	全年
销售数量(件)					
销售单价(元/件)					
销售收入(元)					

(2)编制 2018 年预计现金收入表(表 7-9)。

表 7-9	预计现金收入表			单位:元
上年年末应收账款				
第一季度				
第二季度				
第三季度				
第四季度				
现金收入合计				

(二)天威集团公司下设甲、乙两个投资中心,甲投资中心的投资额为 800 万元,投资利润率为 15％;乙投资中心的投资利润率为 16％,剩余收益为 30 万元。天威集团公司要求的平均投资利润率为 12％。天威集团公司决定追加投资 300 万元,若投向甲投资中心,每年增加利润 42 万元;若投向乙投资中心,每年增加利润 45 万元。

要求:

(1)计算天威集团公司追加投资前甲投资中心的剩余收益。

(2)计算追加投资前乙投资中心的投资额。

(3)计算追加投资前天威集团公司的投资利润率。

(4)若甲投资中心接受追加投资,计算其剩余收益。

(5)若乙投资中心接受追加投资,计算其投资利润率。

(三)天宇公司设有甲、乙两个投资中心,相关资料如表 7-10 所示:

表 7-10	天宇公司甲、乙投资中心资料表	单位:元
投资中心 项目	甲	乙
利润	520 000	1 180 000
资产平均占用额	2 860 000	5 980 000
总资产	3 140 000	6 150 000
规定的最低投资利润率	15％	16％

要求:

(1)分别计算甲、乙投资中心的投资利润率和剩余收益。

(2)目前天宇公司有一个能带来 15％投资利润率的投资机会,投资额为 200 万元,若接受投资,两个投资中心的投资利润率和剩余收益会如何变化?

(3)天宇公司若按剩余收益指标对投资中心进行考核,两个投资中心是否愿意接受投资?

六、实训教学要求

1.要求学生熟练掌握课本中财务预算的有关理论、方法;

2.认真阅读教师布置的财务预算、财务控制案例,能正确计算各项财务指标;

3.正确计算利润中心、投资中心的评价指标;

4.实训小组要分工协作,培养沟通与交流能力;

5.能在课堂讨论中踊跃发言,积极参与讨论。

七、实训教学组织和步骤

1.划分实践教学小组；

2.布置任务：教师提前两周布置财务预算实训任务；

3.实训指导：教师采用案例教学法，介绍财务预算的编制程序、方法和要领，介绍利润中心、投资中心的评价指标；

4.小组分工协作、讨论交流，共同完成弹性预算的编制；

5.对利润中心、投资中心评价指标进行计算；

6.课堂交流，各小组派出代表发言，阐述观点；

7.教师进行现场点评，并做总结和知识提升。

八、实训考核评价

1.财务预算方法运用的熟练程度；

2.在实训中的表现；

3.成本中心、利润中心、投资中心评价指标的掌握程度；

4.分析、解决实际问题的能力。

项目八

财务分析

理论指导

一、财务分析的意义

企业财务分析是以企业财务报表反映的财务指标为主要依据,采用一系列专门的财务分析技术与方法,用以揭示各项财务指标之间的内在联系,从而了解企业的财务状况、经营成果和现金流量,发现企业生产经营活动中存在的问题,预测企业未来发展趋势,为决策提供依据的一项管理活动。

二、财务分析的常用方法

(一)比较分析法

比较分析法是通过对有关财务报表数据或财务比率指标进行对比,揭示企业存在的差异和矛盾,了解企业的财务状况及其变化趋势的一种分析方法。

(二)比率分析法

比率分析法是利用财务报表中两项相关数据的比率来揭示企业财务状况和经营成果的一种分析方法。

(三)因素分析法

因素分析法也称为连环替代法,它是用来确定几个相互联系的因素对分析对象——综合财务指标或经济指标的变动额(率)——的影响程度的一种分析方法。

三、基本财务比率分析

(一)偿债能力分析

偿债能力是衡量企业偿还到期债务的现金保证能力。衡量偿债能力的指标分为短期偿债能力指标和长期偿债能力指标,主要包括:流动比率、速动比率、现金流量比率、资产负债率、权益乘数、产权比率和利息保障倍数等指标。通过分析,可以使债权人了解其债权是否能及时收回;投资者了解正常的生产经营活动资金是否充足;管理者了解企业的债务负担和偿还能力。

$$流动比率=\frac{流动资产}{流动负债}(经验值为2左右)$$

$$速动比率=\frac{速动资产}{流动负债}(经验值为1左右)$$

$$现金流量比率=\frac{年经营活动现金净流量}{年末流动负债}(经验值为1左右)$$

$$资产负债率=\frac{负债总额}{资产总额}\times100\%(西方国家一般为60\%左右,我国一般为50\%左右)$$

$$权益乘数=\frac{资产总额}{股东权益总额}$$

$$产权比率=\frac{负债总额}{所有者权益总额}\times100\%$$

$$利息保障倍数=\frac{息税前利润}{利息}$$

(二)营运能力分析

资产营运效率是指企业运用其资产的有效程度,它反映了企业资产的周转能力。反映资产营运能力的指标主要包括:周转率、应收账款周转率、存货周转率、流动资产周转率和总资产周转率等指标。营运效率能反映企业经营管理的水平,营运效率越强,管理水平就越高。

$$周转率=\frac{周转额}{资产平均余额}$$

$$应收账款周转率=\frac{营业收入}{应收账款平均余额}$$

$$存货周转率=\frac{营业成本}{存货平均余额}$$

$$流动资产周转率=\frac{营业收入}{流动资产平均余额}$$

$$总资产周转率=\frac{营业收入}{总资产平均余额}$$

(三)盈利能力分析

盈利能力直接关系到企业的未来发展,衡量盈利能力的指标主要包括:销售毛利率、销售净利率、总资产报酬率、总资产净利率和净资产收益率等指标。通过分析,可以了解企业的经营业绩,也可发现经营管理中的问题,便于及时采取措施加以改进,以提高企业收益和管理水平。

$$销售毛利率=\frac{销售毛利}{销售收入}\times100\%$$

$$销售净利率=\frac{净利润}{销售收入}\times100\%$$

$$总资产报酬率=\frac{息税前利润}{平均资产总额}\times100\%$$

$$总资产净利率=\frac{净利润}{平均资产总额}\times100\%$$

$$净资产收益率=\frac{净利润}{平均净资产}\times100\%$$

(四)发展能力分析

发展能力是公司在生存的基础上,扩大规模、壮大实力的潜在能力。衡量发展能力的指标主要包括:销售收入增长率、总资产增长率、资本积累率、资本保值增值率和营业利润增长率等。

$$销售收入增长率=\frac{本年销售收入增长额}{上年销售收入总额}\times100\%$$

$$总资产增长率=\frac{本年资产增长额}{年初资产总额}\times100\%$$

$$资本积累率=\frac{本年所有者权益增长额}{年初所有者权益总额}\times100\%$$

$$资本保值增值率=\frac{扣除客观因素后的年末所有者权益}{年初所有者权益}\times100\%$$

$$营业利润增长率=\frac{本年营业利润增长额}{上年营业利润总额}\times100\%$$

(五)上市公司市场价值比率分析

衡量上市公司市场价值的指标主要有基本每股收益、每股股利、市盈率、每股净资产等。

$$基本每股收益=\frac{归属于普通股股东的当期净利润}{当期实际发行在外普通股的加权平均数}$$

$$每股股利=\frac{现金股利总额}{期末发行在外的普通股股数}$$

$$市盈率=\frac{每股市价}{每股收益}$$

一般来说,市盈率越低,表明该股票的投资风险越小,相对来说投资价值就越大。但在股票市场不健全的情况下,股价有可能与它的每股收益严重脱节,在这种情况下,如果盲目依据市盈率判断公司前景好而购买股票,将会面临很大的风险。

$$每股净资产=\frac{期末净资产}{期末发行在外的普通股股数}$$

四、杜邦财务分析

企业财务的综合分析是将各项财务指标作为一个整体,系统、全面、综合地对企业的财务状况和经营成果进行剖析、解释和评价,以此来说明企业整体财务状况和经济效益。

杜邦财务分析是根据某些财务比率之间的内在联系,来综合分析公司财务状况的一种方法。因其最初由美国杜邦公司创立并成功运用而得名。其公式如下:

$$净资产收益率=总资产净利率×权益乘数$$
$$=销售净利率×总资产周转率×权益乘数$$
$$权益乘数=资产÷所有者权益=1÷(1-资产负债率)$$

五、财务比率综合评分法

财务比率综合评分法常采用的一种方法是指数法。

一、单项选择题

1.下列财务比率中,( )不能评价企业营运能力。

A.存货周转率 　　　　　　　　B.应收账款周转率

C.资产报酬率 　　　　　　　　D.总资产周转率

2.下列( )指标不能反映企业短期偿债能力。

A.利息保障倍数 　　B.流动比率 　　C.速动比率 　　D.现金流量比率

3.利息保障倍数不仅反映了企业获利能力,而且反映了( )。

A.总偿债能力 　　　　　　　　B.短期偿债能力

C.长期偿债能力 　　　　　　　D.经营能力

4.用于评价企业盈利能力的总资产报酬率指标中的"报酬"是指( )。

A.息税前利润 　　B.营业利润 　　C.利润总额 　　D.净利润

5.下列指标不能反映企业偿付到期长期债务能力的指标有( )。

A.销售毛利率 　　　　　　　　B.资产负债率

C.利息保障倍数 　　　　　　　D.产权比率

6.下列指标用于衡量企业短期偿债能力的是( )。

A.利息保障倍数 　　　　　　　B.产权比率

C.资产周转率 　　　　　　　　D.流动比率

7.下列有关流动比率的说法中,正确的是( )。

A.流动比率越大越好

B.营运资金越多,企业的偿债能力越强

C.速动比率比流动比率更能反映企业的偿债能力

D.如果流动比率小于2,则说明企业的偿债能力较差

8.某企业应收账款周转次数为4.5次,一年按360天计算,应收账款周转天数为( )天。

A.0.2 　　　　　　B.81.1 　　　　　　C.80 　　　　　　D.730

9.下列等式不成立的是( )。

A.资产净利率=销售净利率×资产周转率

B.净资产收益率＝销售净利率×权益乘数

C.速动比率＝(流动资产－存货)÷流动负债

D.营业周期＝存货周转天数＋应收账款周转天数

10.甲公司年初速动比率为1.1,流动比率为2.0。当年年末公司的速动比率变为0.8,流动比率为2.4,年末与年初的差异在于(　　)。

A.赊销数量增加　　　　　　　　　　B.应付账款增加

C.存货增加　　　　　　　　　　　　D.应收账款减少

11.某公司的平均资产总额为1 000万元,平均负债总额为530万元,其权益乘数为(　　)。

A.0.53　　　　　B.2.13　　　　　C.1.13　　　　　D.0.47

12.在公司财务报表中,营业收入为20万元,应收账款年末为10万元,年初为6万元,应收账款周转次数为(　　)次。

A.2.5　　　　　B.2　　　　　C.3.33　　　　　D.以上均不对

13.如果流动负债小于流动资产,则期末以现金偿付一笔短期借款所导致的结果是(　　)。

A.营运资金减少　　　　　　　　　　B.营运资金增加

C.流动比率降低　　　　　　　　　　D.流动比率提高

14.下列财务分析主体中,必须对企业营运能力、偿债能力、盈利能力及发展能力的全部信息予以详尽了解和掌握的是(　　)。

A.短期投资者　　　B.企业债权人　　　C.企业经营者　　　D.税务机关

15.下列各项指标中,能够从动态角度反映企业偿债能力的是(　　)。

A.现金流量比率　　　　　　　　　　B.资产负债率

C.流动比率　　　　　　　　　　　　D.速动比率

16.某公司2017年年初与年末所有者权益分别为5 000万元和8 000万元,则资产保值增值率为(　　)。

A.80%　　　　　B.160%　　　　　C.60%　　　　　D.40%

17.(　　)指标是一项综合性最强的财务比率,也是杜邦财务分析体系的核心。

A.销售毛利率　　　　　　　　　　　B.资产周转率

C.权益乘数　　　　　　　　　　　　D.净资产收益率

18.根据西方企业的长期经验,一般认为流动比率为(　　)。

A.1∶1　　　　　B.2∶1　　　　　C.0.5∶1　　　　　D.3∶1

19.通常情况下,速动比率为(　　)是比较安全的。

A.1∶1　　　　　B.2∶1　　　　　C.3∶1　　　　　D.4∶1

20.下列(　　)不是评价企业短期偿债能力的指标。

A.流动比率　　　B.速动比率　　　C.现金流量比率　　　D.产权比率

二、多项选择题

1.下列各项与净资产收益率密切相关的有(　　)。

A.销售净利率　　　　　　　　　　　B.总资产周转率

C.总资产增长率   D.权益乘数

2.如果流动比率高,意味着企业存在以下几种可能( )。

A.存在现金闲置   B.存在存货积压

C.应收账款周转缓慢   D.短期偿债能力差

3.一般情况下,影响流动比率的主要因素有( )。

A.应收账款的多少   B.存货的周转速度

C.企业的偿债声誉   D.营业周期

4.影响资产净利率的因素有( )。

A.产品的售价   B.单位产品成本的高低

C.产销量   D.税率

5.当评价债权人的利益保护程度时,应使用( )。

A.销售净利率   B.产权比率

C.资产负债率   D.利息保障倍数

6.分析企业短期偿债能力的比率有( )。

A.流动比率   B.资产负债率   C.速动比率   D.权益乘数

7.影响速动比率的因素有( )。

A.应收账款   B.存货   C.短期借款   D.预付账款

8.下列指标中比率越高,说明企业获利能力越强的有( )。

A.总资产净利率   B.资产负债率

C.产权比率   D.销售毛利率

9.存货周转率中( )。

A.存货周转次数多,表明存货周转慢

B.存货周转次数少,表明存货周转慢

C.存货周转天数多,表明存货周转慢

D.存货周转天数少,表明存货周转慢

10.若流动比率大于1,则下列结论不一定成立的有( )。

A.速动比率大于1   B.营运资金大于0

C.资产负债率大于1   D.短期偿债能力绝对有保障

11.反映企业长期偿债能力的指标有( )。

A.资产负债率   B.产权比率

C.利息保障倍数   D.流动比率

12.财务分析常用的方法有( )。

A.比较分析法   B.比率分析法

C.趋势分析法   D.因素分析法

13.反映企业发展能力的指标有( )。

A.销售收入增长率   B.资本积累率

C.总资产净利率   D.资本保值增值率

14.属于营运能力分析的指标有( )。

A.存货周转率　　　　　　　　　　　B.应收账款周转率

C.固定资产周转率　　　　　　　　　D.总资产周转率

15.杜邦财务分析的主要指标有（　　　）。

A.销售净利率　　　　　　　　　　　B.权益乘数

C.资产负债率　　　　　　　　　　　D.总资产周转率

16.下列指标中,（　　　）反映企业长期偿债能力。

A.利息保障倍数　　　　　　　　　　B.资产负债率

C.现金流量比率　　　　　　　　　　D.股东权益比率与权益乘数

17.财务趋势分析的主要方法有（　　　）。

A.图解法　　　　　　　　　　　　　B.比较财务报表

C.比较财务指标　　　　　　　　　　D.比较现金流量表

18.下列指标中,（　　　）反映企业的盈利能力。

A.销售毛利率　　　　　　　　　　　B.净资产收益率

C.利润增长速度　　　　　　　　　　D.每股股利

19.杜邦财务分析的指标主要有（　　　）。

A.净资产收益率　　　　　　　　　　B.总资产周转率

C.权益乘数　　　　　　　　　　　　D.销售净利率

20.评价企业营运能力常用的财务指标有（　　　）。

A.现金流量比率　　　　　　　　　　B.固定资产周转率

C.流动资产周转率　　　　　　　　　D.总资产周转率

三、判断题

1.资产负债率与产权比率的乘积等于1。　　　　　　　　　　　　　　　（　　）

2.每股收益越高,说明股东可以从公司分得的股利越多。　　　　　　　　（　　）

3.应收账款周转率过高或过低对企业都可能是不利的。　　　　　　　　　（　　）

4.企业拥有的各种资产都可以作为偿还债务的保证。　　　　　　　　　　（　　）

5.通常情况下,股票市盈率越高,表示投资者对公司的未来越看好。　　　（　　）

6.当运用利息保障倍数指标估计企业偿债能力的状况时,通常应选择该指标最高的年度。　　　　　　　　　　　　　　　　　　　　　　　　　　　　　　（　　）

7.无论是企业短期债权人,还是企业投资者、经营者,都希望流动比率越高越好。
　　　　　　　　　　　　　　　　　　　　　　　　　　　　　　　　（　　）

8.衡量上市公司盈利能力最重要的财务指标是每股收益。　　　　　　　　（　　）

9.市盈率是评价上市公司盈利能力的指标,它反映投资者愿意为公司每股净利润支付的价格。　　　　　　　　　　　　　　　　　　　　　　　　　　　　　　（　　）

10.权益乘数的高低取决于企业的资本结构:资产负债率越高,权益乘数越高,财务风险越大。　　　　　　　　　　　　　　　　　　　　　　　　　　　　　　（　　）

11.财务比率综合评分法也称杜邦财务分析法,是指通过对选定的几项财务比率进行评分,然后计算出综合得分,并据此评价企业的综合财务状况的方法。　　　　（　　）

12.每股净资产等于股东权益总额除以发行在外的普通股和优先股之和。　（　　）

13.净资产收益率是综合性最强的财务比率,是杜邦财务分析体系的核心。 （　　）

14.对于资产负债率,比较保守的经验判断一般为不高于 60%,国际上一般认为 80% 比较好。 （　　）

15.一般来说,市盈率高,说明投资者对该公司的发展前景看好,愿意出较高的价格购买该公司的股票。但是,如果某股票的市盈率过高,也意味着这支股票具有较高的投资风险。 （　　）

四、计算题

1.已知百顺公司 2017 年会计报表的资料如表 8-1 所示:

表 8-1　　　　　　　百顺公司 2017 年会计报表资料　　　　　　单位:万元

资产负债表项目	年初数	年末数
资产	8 000	10 000
负债	4 500	6 000
所有者权益	3 500	4 000
利润表项目	上年数	本年数
主营业务收入净额	（略）	20 000
净利润	（略）	500

要求:

(1)计算杜邦财务分析体系中的下列指标(凡计算指标涉及资产负债表项目数据的均按平均数计算):净资产收益率、总资产净利率(保留三位小数)、销售净利率、总资产周转率(保留三位小数)、权益乘数。

(2)列出净资产收益率与上述其他各项指标之间的关系式,并用本题数据加以验证。

2.立信企业 2016 年营业收入为 6 624 万元,全部资产平均余额为 2 760 万元,流动资产占全部资产的比重为 40%;2017 年营业收入为 7 350 万元,全部资产平均余额为 2 940 万元,流动资产占全部资产的比重为 45%。

要求:根据以上资料,对全部资产周转率变动的原因进行分析。

3.浙江新安化工集团股份有限公司 2017 年年末资产总额是 181 833 万元,流动资产是 96 054 万元,其中:存货是 30 793 万元;负债总额是 93 037 万元,流动负债是 88 976 万元。

要求:计算该公司的流动比率、速动比率、资产负债率并做简要分析。

4.通百公司的有关财务资料如表 8-2 所示:

表 8-2　　　　　　　　　通百公司财务资料

项目	期初数	期末数	本期数（平均数）
存货	3 600 万元	4 800 万元	
流动负债	3 000 万元	4 500 万元	
速动比率	0.75		
流动比率		1.6	
总资产周转次数			1.2
总资产			18 000 万元

注:假定该公司流动资产等于速动资产加存货。

要求：

(1)计算该公司流动资产的期初数和期末数；

(2)计算该公司主营业务收入；

(3)计算该公司本期流动资产平均余额和流动资产周转次数。

5.达利企业 2017 年 12 月 31 日的资产负债表(简表)如表 8-3 所示：

表 8-3   资产负债表(简表)

2017 年 12 月 31 日   单位:万元

资产	期末数	负债及所有者权益	期末数
货币资金	300	应付账款	300
应收账款	900	应付票据	600
存货	1 800	长期借款	2 700
固定资产	2 100	实收资本	1 200
无形资产	300	留存收益	600
资产合计	5 400	负债及所有者权益合计	5 400

该企业 2017 年的营业收入为 6 000 万元,销售净利率为 10%,净利润的 50%分配给投资者。预计 2018 年营业收入比上年增长 25%,为此需要增加固定资产 200 万元,增加无形资产 100 万元,根据有关情况分析,企业流动资产项目和流动负债项目将随营业收入同比例增减。假定该企业 2018 年的销售净利率和利润分配政策与上年保持一致,该年度长期借款不发生变化,2018 年年末固定资产和无形资产合计为 2 700 万元。2018 年企业需要增加对外筹集的资金来自投资者增加的投入。

要求：

(1)计算 2018 年需要增加的营运资金；

(2)预测 2018 年需要增加对外筹集的资金(不考虑计提法定盈余公积的因素,以前年度的留存收益均已有指定用途)；

(3)预测 2018 年年末的流动资产、流动负债、资产总额、负债总额和所有者权益总额；

(4)预测 2018 年的速动比率和产权比率；

(5)预测 2018 年的流动资产周转次数和总资产周转次数；

(6)预测 2018 年的净资产收益率；

(7)预测 2018 年的资本积累率。

 素质培养

【案例分析 1】

杜邦财务分析

(一)公司概况

光明玻璃股份有限公司(以下简称光明公司)是一个拥有 30 多年历史的大型玻璃生产基地。光明公司颇有战略眼光,十分重视对新产品和新工艺的开发,重视对老设备进行

技术改造,引进国外先进技术,拥有国内一流的浮法玻璃生产线。光明公司生产的浮法玻璃、汽车安全玻璃以及高档铅品质玻璃器皿在国内具有较高的市场占有率。光明公司还十分重视战略重组,大力推行前项一体化和后项一体化,使光明公司形成了一条由原材料供应到产品制造再到产品销售一条龙的稳定的价值生产链。由于光明公司战略经营意识超前,管理得当,光明公司规模迅速扩大,销量和利润逐年递增,跃居国内领先位置。但近两年企业扩大速度太快,经营效率有所下降。

光明公司为了把握未来,对公司未来几年面临的市场风险进行了预测。预测结果表明,在未来的几年里,伴随国民经济的快速发展,安居工程的启动以及汽车工业的迅猛崛起,市场对各种玻璃的需求剧增,这种市场发展势头给公司带来了千载难逢的发展机会。预测结果还表明,光明公司未来面临的风险也在逐步加大,国内介入浮法生产线的企业逐渐增多,国外玻璃生产公司意欲打入中国市场,重油和能源的涨价等,这些都会给公司的未来市场、生产经营和经济效益带来严峻的挑战。

(二)案例问题及资料

光明公司为了确保在未来市场逐渐扩张的同时,经济效益也稳步上升,维持行业领先位置,拟对公司近两年的财务状况和经营成果运用杜邦财务分析法进行全面分析,以便找出公司取得的成绩和存在的问题,并针对问题提出改进措施。

光明公司近三年的资产负债表和利润表资料如表 8-4 和表 8-5 所示:

表 8-4 　　　　　　　　　资产负债表资料　　　　　　　　金额单位:千元

资产				负债及所有者权益			
项目	金额			项目	金额		
	前年	上年	本年		前年	上年	本年
流动资产合计	398 400	1 529 200	1 745 300	流动负债合计	395 000	493 900	560 000
长期投资	14 200	68 600	20 900	长期负债合计	31 400	86 200	128 300
固定资产净值	313 200	332 300	473 400	负债总计	426 400	580 100	688 300
在建工程	21 510	31 600	129 500				
递延资产			6 900				
无形资产及其他资产		147 500	155 500	所有者权益合计	320 910	1 629 100	1 843 200
资产总计	747 310	2 209 200	2 531 500	负债及所有者权益合计	747 310	2 209 200	2 531 500

表 8-5 　　　　　　　　　　利润表资料　　　　　　　　　金额单位:千元

项 目	金 额		
	前年	上年	本年
一、产品销售收入	881 000	948 800	989 700
减:产品销售成本	316 400	391 000	420 500
产品销售费用	9 900	52 700	43 500
产品销售税金	95 300	99 600	89 000
二、产品销售利润	459 400	405 500	436 700
加:其他业务利润			

表 8-5 （续表）

项　目	金　额		
	前年	上年	本年
减：管理费用	164 900	107 000	97 200
财务费用	13 400	3 600	18 500
三、营业利润	281 100	294 900	321 000
加：投资收益			
营业外收入			
减：营业外支出			
四、利润总额	281 100	294 900	321 000
减：所得税	84 330	88 470	96 300
五、净利润	196 770	206 430	224 700

（三）案例分析要求

1.计算该公司上年和本年的净资产收益率，并确定本年较上年的总差异；

2.针对净资产收益率的总差异对总资产净利率和权益乘数进行分析，并确定各因素变动对净资产收益率总差异影响的份额；

3.针对总资产净利率的总差异对销售净利率和总资产周转率进行分析，确定各因素变动对总资产净利率的总差异影响的份额；

4.针对两年销售净利率的变动总差异对构成比率因素进行分析，找出各构成比率变动对总差异影响的份额；

5.运用上述分析的结果，归纳影响该公司净资产收益率变动的有利因素和不利因素，找出产生不利因素的主要问题和原因，并针对问题提出相应的改进意见，使这些改进意见付诸实践，促使该公司的生产经营管理更加完善，从而提高竞争力。

【案例分析 2】

上市公司财务报表分析——以格力电器为例

一、公司简介

珠海格力电器股份有限公司（以下简称格力电器）前身为珠海市海利冷气工程股份有限公司，1989 年经珠海市工业委员会、中国人民银行珠海分行批准设立，1996 年 11 月 18 日经中国证券监督管理委员会批准于深圳证券交易所上市，目前是全球最大的集研发、生产、销售、服务于一体的专业化空调企业，拥有格力、TOSOT、晶弘三大品牌家电产品，其产品包括家用空调、中央空调、空气能热水器、TOSOT 生活电器、晶弘冰箱等。

二、格力电器财务指标分析

（一）偿债能力分析

债务按到期时间一般分为短期债务和长期债务，相应的偿债能力分析也分为短期偿债能力分析和长期偿债能力分析。

1.短期偿债能力分析

短期偿债能力是指公司偿还流动负债的能力，是公司对短期债权人或其承担的短期债务的保障程度。衡量企业短期偿债能力的指标主要有流动比率、速动比率和现金流量比率。流动比率是流动资产与流动负债的比值。流动资产的各项目之间，流动性差别很大，其中，货币资金、交易性金融资产、各种应收款项等可以在较短时间内变现的称为速动资产，速动资产与流动负债的比率为速动比率。

表8-6　　　　　　　　　　　　格力电器偿债能力情况

指标 ＼ 年份	2010 年	2011 年	2012 年	2013 年
流动比率	1.1	1.12	1.08	1.08
速动比率	0.87	0.85	0.86	0.94
资产负债率	78.64%	78.43%	74.36%	73.47%
产权比率	3.68	3.64	2.9	2.77
长期资本负债率	12.06%	12.56%	4.03%	4.68%

如表8-6所示，格力电器流动比率每年变化较小，速动比率在2010—2012年变化很小，2013年增加0.08，升至0.94，主要原因在于公司应收账款增加，存货降低。流动比率和速动比率整体偏低，说明格力电器的负债水平过高，流动资产较少，面临的经营风险比较大。

2.长期偿债能力分析

长期偿债能力是指企业对债务的承担能力和对偿还债务的保障能力。衡量长期偿债能力的指标主要有资产负债率、产权比率、长期资本负债率等。资产负债率是总负债占总资产的百分比，产权比率是总负债与股东权益的比值，是常用的财务杠杆比率，长期资本负债率指非流动负债占长期资本的百分比。

从表8-6来看，格力电器的资产负债率很高，2010—2013年都在70%以上，但逐年下降，说明公司正试图改善资产负债结构，长期偿债能力有所增强。企业产权比例也逐年下降，但都大于1，财务杠杆较大；长期资本负债率在2012年和2013年急速降低，主要原因在于2012年长期负债减少了56%。综上所述，格力电器在2012年和2013年资产负债率有所好转，长期资本负债率很低，但产权比率仍比较高，财务杠杆比较大，企业需要有良好的融资状况，才能获得更大的收益。

（二）营运能力分析

营运能力是反映企业资产管理效率的财务指标。企业营运资产的效率主要指资产的周转率或周转速度。通常情况下，周转率越高，资产的运用效率越高，企业的经营管理水平越高，但也要结合企业具体经营情况来分析。评价企业营运能力常用的指标有：总资产周转率、应收账款周转率、存货周转率、流动资产周转率等。

流动资产周转率、应收账款周转率、存货周转率主要反映流动资产营运能力。流动资产周转率是营业收入与流动资产的比率，反映流动资产的周转速度。一般情况下，流动资产周转率越高越好。流动资产周转率高，表明以相同的流动资产完成的周转额越多，流动资产利用效果越好。应收账款周转率是企业营业收入与应收账款的比率，是评价企业应收账款流动性的指标。存货周转率是营业成本与存货的比率，表明一年内存货周转的次数。存货周转率越高，企业存货变现能力越强，资金周转速度越快。

表 8-7 格力电器营运能力情况

年份 指标	2010 年	2011 年	2012 年	2013 年
应收账款周转率(次)	50.33	67.64	67.55	64.11
存货周转率(次)	5.21	4.75	5.77	9.05
流动资产周转率(次)	1.11	1.16	1.17	1.14
固定资产周转率(次)	10.92	10.79	7.82	8.47
总资产周转率(次)	0.92	0.98	0.92	0.89

由表 8-7 可见,格力电器的流动资产周转率比较小,且变化不明显。格力电器 2011 年应收账款周转率明显升高,2012 年变化不大,2013 年应收账款周转率有轻微下降。由此可见,格力电器应收账款周转速度相对比较平稳。格力电器的存货周转率在 2011 年有轻微下降,在 2013 年增幅较大,原因在于 2013 年格力电器存货减少,销售收入增多,这表明格力电器的存货流动性和变现性增强,管理水平较高。

固定资产周转率是营业收入与固定资产的比率,反映了非流动资产的营运能力。由表 8-7 可见,格力电器的固定资产周转率在 2012 年下降了 27.5%,2013 年又有所上升。主要原因在于 2012 年新增了 64.7% 的固定资产,新增的固定资产利用率较低,从而导致固定资产周转率下降。

总资产周转率是一个综合性指标,是营业收入与总资产的比率,反映总资产的利用效率。从表 8-7 的结果来看,2010—2013 年格力电器总资产周转率整体比较稳定。

(三)盈利能力分析

表 8-8 格力电器盈利能力情况

年份 指标	2010 年	2011 年	2012 年	2013 年
销售净利率	7.12%	6.37%	7.50%	9.19%
总资产净利率	6.55%	6.22%	6.92%	8.15%
成本利润率	8.80%	8.07%	9.58%	11.96%

销售净利率是净利润与销售收入的比率。从表 8-8 可以看出,格力电器的销售净利率除 2011 年有下降外,2012 年和 2013 年两年连续增长。总资产净利率是反映每一元总资产创造的净利润,格力电器总资产净利率在 2011 年最低,2013 年有明显上升。成本利润率在 2012 年和 2013 年两年大幅度增加,说明这两年格力电器的成本控制水平有所增强,通过加强成本管理提高了销售净利率。

三、与行业内其他企业的比较

(一)杜邦财务分析

杜邦财务分析体系的核心指标是净资产收益率,反映的是企业股东投入资本获取利润的能力,该指标具有很强的综合性。净资产收益率是总资产净利率与权益乘数共同作用的结果,总资产净利率又可进一步分解为销售净利率与总资产周转率的乘积。

格力电器与家电行业其他三家龙头企业就 2013 年财务情况进行杜邦财务分析的对比如表 8-9 所示。2013 年,在四家主要电器制造商中,格力电器的净资产收益率比较高,次于科龙海信,高于海尔集团和美的集团,且高于行业平均水平。分析来看,其销售净利率在这四家企业中最高,且远高于行业平均值 7.52%;其总资产周转率最低;其总资产净利率与其他企业相差不大;其净资产收益率较高的原因主要在于权益乘数高。权益乘数反映了企业的筹资能力,主要影响因素是资产负债率,格力电器的资产负债率高于海尔集团和美的集团,且高于行业平均水平,说明格力电器充分利用了财务杠杆效应,其销售势头好,获利能力强,发展前景好。

表 8-9　　　　　　　　　　　　　2013 年家电企业对比

比率	格力电器	海尔集团	美的集团	科龙海信	行业平均
销售净利率	9.22%	3.36%	6.86%	6.86%	7.52%
总资产周转率（次）	0.89	2.85	1.25	2.02	0.93
总资产净利率	0.08%	0.10%	0.09%	0.14%	0.07%
权益乘数	3.78	2.72	2.48	3.76	2.18
净资产收益率	30.90%	25.94%	21.23%	52.15%	15.23%
每股收益增长率	47.31%	13.32%	63.15%	73.60%	39.49%
营业收入增长率	19.44%	11.95%	17.91%	28.49%	15.92%
净利润增长率	47.31%	22.46%	63.15%	73.50%	39.49%

（二）成长性比较

如表 8-9 所示,格力电器的每股收益增长率较高,其营业收入增长率、净利润增长率都高于行业平均水平。格力电器营业收入增长率及净资产收益率高于海尔集团和美的集团,说明 2013 年格力电器的成长速度比海尔集团和美的集团快。整体来看,格力电器的成长性水平比较高,发展潜力良好。

要求:

1.请对格力电器 2010—2013 年的偿债能力、营运能力、盈利能力等指标进行分析。

2.请对格力电器 2013 年的财务状况与同行业其他三家龙头企业进行对比,并提出发展建议。

任务驱动

【工作任务】 企业财务活动分析与业绩评价

一、实训目的与要求

通过本任务实训,学生熟练掌握企业财务活动分析的各种方法和技巧,能从复杂的财务资料中分析企业的偿债能力、营运能力和盈利能力,把握企业的财务状况、经营成果以及现金流量,为企业各相关利益者的财务决策提供有价值的信息。要求学生能够运用所学的财务分析理论,对企业财务活动进行分析和评价,并撰写财务分析报告。

二、能力目标

1.掌握因素分析法;

2.正确计算偿债能力及营运能力的分析指标;

3.正确计算盈利能力及发展能力的分析指标;

4.正确计算基本每股收益、市盈率、每股净资产;

5.掌握净资产收益率指标的构成体系;

6.正确运用杜邦财务分析法;

7.对企业财务报表进行正确分析与评价;

8.能够运用所学知识解决财务管理实际问题。

三、实训地点与形式

1.实训地点:校内模拟实训室;

2.实训形式:模拟实践。

四、实训教学内容

1.了解财务分析的主体、目的及内容;

2.熟悉企业财务分析常用方法;

3.掌握财务分析的基本财务指标;

4.重点掌握偿债能力、营运能力、盈利能力、发展能力及综合财务分析指标的计算方法;

5.利用企业财务报表提供的信息,计算常用的财务指标,并对企业的财务状况和经营成果进行分析评价;

6.学会运用杜邦财务分析体系对企业财务活动进行分析。

五、实训资料

(一)济民公司 2017 年年初的负债总额为 500 万元,股东权益是负债总额的 2 倍,年资本积累率为 30%,2017 年年末的资产负债率为 40%。济民公司 2017 年固定成本总额为 200 万元,实现净利润 330 万元,所得税税率为 25%。2017 年年末的股份总数为 500 万股,假设普通股股数在 2010 年至 2017 年未发生变化,济民公司不存在优先股,2017 年年末的普通股市价为 5 元/股。(计算结果保留两位小数)

要求:

(1)计算济民公司 2017 年年初的股东权益总额、资产总额、资产负债率。

(2)计算济民公司 2017 年年末的股东权益总额、负债总额、资产总额、产权比率。

(3)计算济民公司 2017 年的总资产净利率、权益乘数(使用平均数计算)、平均每股净资产、每股收益、市盈率。

(4)假设济民公司2018年实现净利润440万元,2018年年末保持2017年年末的资本结构和2017年的资本积累率,计算2018年的每股收益。

(二)杜邦财务分析

胜利公司2017年资产负债有关资料如表8-10所示:

表8-10 胜利公司2017年资产负债表(简表) 单位:万元

资产	年初	年末	负债及所有者权益	年初	年末
流动资产:			流动负债合计	1 750	1 500
货币资金	500	450	长期负债合计	2 450	2 000
应收账款	600	900	负债合计	4 200	3 500
存货	920	1 440			
预付账款	230	360			
流动资产合计	2 250	3 150			
固定资产净值	4 750	3 850	所有者权益合计	2 800	3 500
总计	7 000	7 000	总计	7 000	7 000

该公司2016年度销售净利率为15%,总资产周转率为0.8,权益乘数为2.5,净资产收益率为30%,2017年度营业收入为6 270万元,净利润为960万元。

要求:

(1)计算胜利公司2017年年末的资产负债率和权益乘数。

(2)计算胜利公司2017年的总资产周转率、销售净利率和净资产收益率(均按期末数计算)。

(3)按销售净利率、总资产周转率、权益乘数的次序使用连环替代法进行杜邦财务分析,确定各因素对净资产收益率的影响。

六、实训教学要求

1.要求学生熟练掌握教材中财务分析的有关理论、方法和程序;

2.认真阅读教师布置的财务分析案例,根据案例要求,能正确计算各项财务指标;

3.能根据各项财务指标及相关资料,对企业财务状况和经营成果做出正确的分析与判断;

4.写出详细的案例分析报告,要求内容完整、方法得当、目标明确、步骤严谨、文字精练、条理清楚;

5.能在课堂讨论中踊跃发言,积极参与讨论。

七、实训教学组织和步骤

1.划分实践教学小组;

2.教师提前两周布置所要分析的案例,让学生课下做好准备;

3.学生认真阅读案例,并围绕案例收集相关资料;

4.通过对案例给出资料和所收集资料的初步分析,计算相关指标,得出初步的结论;

5.展开课堂讨论,各小组派代表发言,阐述观点;

6.教师进行现场点评,并做总结。

八、实训考核评价

1.财务分析方法的运用;

2.讨论交流中的表现(分析、解决实际问题的能力和创新思维能力);

3.财务分析报告;

4.对企业的财务状况和经营成果进行分析评价。

参考文献

[1] 赵德斌.《财务管理》.高等教育出版社,2000年

[2] 董芸.《财务管理实务》.高等教育出版社,2001年

[3] 纪洪天.《现代财务管理教程》.立信教育出版社,2000年

[4] 财政部注册会计师考试委员会.《财务成本管理》.经济科学出版社,2012年

[5] 财政部会计资格评价中心.《财务管理》.中国财政经济出版社,2012年

[6] 荆新,王化成,刘俊彦.《财务管理学》.中国人民大学出版社,2015年

[7] 财政部会计资格评价中心.《财务管理》.经济科学出版社,2017年